COUTUMES
DE NORMANDIE

LOIS FRANÇAISES
JURISPRUDENCE DES TRIBUNAUX
ET CONFÉRENCES DES COUTUMES VOISINES
BRETAGNE, MAINE, ORLÉANS, PARIS, PERCHE ET PICARDIE

concernant

LE VOISINAGE, LA MITOYENNETÉ

ET LES

SERVITUDES

PAR

L. ALBERT ANDRÉ
ANCIEN NOTAIRE

2e ÉDITION
REFONDUE ET AUGMENTÉE

PARIS
MARCHAL & BILLARD
LIBRAIRES-ÉDITEURS
27, — Place Dauphine, — 27

CAEN
E. BRUNET
LIBRAIRE DE LA COUR D'APPEL
48-50, Rue Écuyère

1905

COUTUMES

DE NORMANDIE

COUTUMES
DE NORMANDIE

LOIS FRANÇAISES

JURISPRUDENCE DES TRIBUNAUX

ET CONFÉRENCES DES COUTUMES VOISINES

BRETAGNE, MAINE, ORLÉANS, PARIS, PERCHE ET PICARDIE

concernant

LE VOISINAGE, LA MITOYENNETÉ

ET LES

SERVITUDES

PAR

L. ALBERT ANDRÉ

ANCIEN NOTAIRE

2e ÉDITION

REFONDUE ET AUGMENTÉE

PARIS
MARCHAL & BILLARD
LIBRAIRES-ÉDITEURS
27, — Place Dauphine, — 27

CAEN
E. BRUNET
LIBRAIRE DE LA COUR D'APPEL
48-50, Rue Écuyère

1905

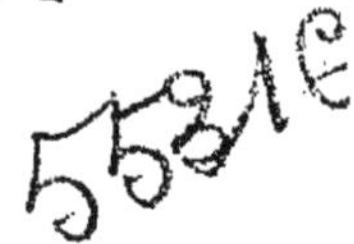

COUTUMES

DE NORMANDIE

OUVRAGES DE L'AUTEUR

Traité des Partages d'ascendants, 2e édition, 1899, 1 vol. in-8o.

Formulaire général du Notariat, 4e édit., 2e tirage, 1903, 2 vol. in-8o.

Formulaire pour Contrats de Mariage, 2e édition, 1889, br. in-8o.

Traité et Formulaire des Inventaires, 3e édition, 1904, 1 vol. in-8o.

Déclarations de Succession, 5e édit., 1901, br. in-8o.

Traité et Formulaire des Testaments, 2e édition, 1891, 1 vol. in-8o.

Traité du Régime hypothécaire, 2e édition, 1898, 1 vol. in-8o.

Dictionnaire de Droit appliqué au Notariat, 1890, 4 vol. in-8o.

Le Régime dotal dans la pratique, 1888, 1 vol. in-8o.

Liquidations et Partages, 2e édition, 1903, 2 vol. in-8o.

Traité des Ventes d'immeubles, 1894, 2 vol. in-8o.

Code annoté du Notariat, 1895, 1 vol. in-18.

Traité des Droits d'Enregistrement, 1901, 1 vol. in-8o.

Tarif des Droits d'Enregistrement, 1901, br. in-8o.

COUTUMES DE NORMANDIE

LOIS FRANÇAISES
JURISPRUDENCE DES TRIBUNAUX
ET CONFÉRENCES DES COUTUMES VOISINES
BRETAGNE, MAINE, ORLÉANS, PARIS, PERCHE ET PICARDIE

concernant

LE VOISINAGE, LA MITOYENNETÉ
ET LES

SERVITUDES

PAR

L. ALBERT ANDRÉ
ANCIEN NOTAIRE

2e ÉDITION
REFONDUE ET AUGMENTÉE

PARIS
MARCHAL & BILLARD
LIBRAIRES-ÉDITEURS
27, — Place Dauphine, — 27

CAEN
E. BRUNET
LIBRAIRE DE LA COUR D'APPEL
48-50, Rue Écuyère

1905

CAEN. — IMPRIMERIE-RELIURE Vve A. DOMIN

AVERTISSEMENT

Les biens immeubles, fonds de terre et bâtiments, sont soumis à des règles très nombreuses, résultant de lois régissant tout le territoire français. A côté des dispositions d'intérêt général, il existe aussi, pour des points de détail, différents usages locaux, auxquels le législateur renvoie souvent. (1)

En Normandie, nous avons conservé un assez grand nombre de coutumes spéciales, relatives au voisinage et aux servitudes. Ce volume a pour but de les réunir et de les rapprocher des règles générales ; nos compatriotes verront ainsi les facultés leur appartenant et les devoirs qui leur sont imposés, soit entr'eux, soit avec les administrations, dans des matières d'un intérêt journalier pour l'agricul-

(1) C. civ. 645, 663, 671, 674, etc.

ture et l'industrie, comme pour la commodité de toutes les relations.

Outre l'analyse de textes intéressant la propriété foncière, le lecteur trouvera ici l'indication des arrêts des cours, notamment de celles de Caen et de Rouen, avec l'opinion des jurisconsultes qui ont écrit sur la propriété et les servitudes.

Cette nouvelle édition contient aussi des références aux coutumes voisines : Bretagne, Maine, Perche, Paris, Picardie et Orléans.

PRINCIPAUX OUVRAGES CITÉS

AUBRY et RAU. — Cours de droit civil français, tomes II et III, 1897.

BASNAGE. — Coutume de Normandie, 1694.

BAUDRY-LACANTINERIE et CHAUVEAU. — Traité des biens, 1900.

BOUTHORS. — Usages locaux de la Somme.

DEMOLOMBE. — Cours du Code Napoléon, tomes XI et XII, 1863.

DE VILADE. — Les coutumes de Normandie, 1864.

HOUARD. — Dictionnaire de la coutume de Normandie, 1780.

HUC. — Commentaire du Code civil, tome IV, 1893.

LAURENT. — Principes de droit civil, tomes VII et VIII, 1769.

LOYSEL. — Usages locaux de Cherbourg, 1864.

PANNIER. — Usages locaux de Lisieux, 1860.

PARDESSUS. — Traité des servitudes, 1838.

PLANIOL. — Traité de droit civil, tome I, 1900.

POTHIER. — Coutumes d'Orléans, 1780.

POULLAIN-DUPARC. — La Coutume de Bretagne, 1783.

ROBERT et GASTÉ. — Dictionnaire des usages de Maine-et-Loire, Mayenne et Sarthe, 1872.

Usages locaux de l'Eure, 1895.

Usages locaux d'Ille-et-Vilaine, 1901.

Usages locaux de l'Orne, 1888.

Usages locaux de la Seine-Inférieure, 1884.

VAUDORÉ. — Le droit rural, 1823.

WATRIN. — Usages locaux d'Eure-et-Loir, 1898.

ABRÉVIATIONS

Arr. parl.	Arrêt du Parlement de Normandie.
Art.	Article.
Cass.	Arrêt de la Cour de Cassation.
Cir. min.	Circulaire ministérielle.
C. civ.	Code civil.
C. for.	Code forestier.
C. inst. crim.	Code d'instruction criminelle.
C. pen.	Code pénal.
C. pr.	Code de procédure civile.
Comp.	Comparez.
Cons. d'Et.	Arrêt du Conseil d'État.
Cout. norm.	Coutume de Normandie.
D., 04, 1, 132.	Dalloz, *Répertoire périodique*, année 1904, première partie, page 132.
Décr.	Décret.
L.	Loi.
Ord.	Ordonnance.
R. 04, 110.	*Recueil des Arrêts des Cours de Caen et de Rouen*, année 1904, page 110. Ce recueil est divisé en deux parties, la première contient les arrêts de Caen et la deuxième ceux de Rouen.
Règl.	Règlement.
S., 04, 2, 80.	Sirey, *Recueil général*, année 1904, deuxième partie, page 80.
Tr.	Tribunal.

VOISINAGE, MITOYENNETÉ

ET

SERVITUDES

CHAPITRE PRÉLIMINAIRE

NOTIONS GÉNÉRALES

1. — Celui qui a la propriété d'un fonds est maître du dessus et du dessous. Ainsi, les constructions, plantations et ouvrages se trouvant sur un terrain, comme aussi le tréfonds avec tout ce qu'il renferme : terre, pierre, sable, tourbe, minerai, etc., sont présumés appartenir au propriétaire du sol, si le contraire n'est pas prouvé (1).

2. — La propriété d'un fonds emporte celle

(1) C. civ., 544, 552, 553; comp. Cass., 14 novembre 1888, S. 91, 1, 459, D. 89, 1, 469; 25 juin 1901, S. 02, 1, 214.

de ses divers accessoires, tels que arbres, sources, lapins des garennes, poissons des étangs, pigeons des colombiers, rûches à miel (1).

3. — Parmi les accessoires ou dépendances des fonds, il faut rappeler que les propriétaires :

1° D'étangs, sont présumés avoir la propriété de tout le terrain que l'eau couvre quand elle est à la hauteur de la décharge de l'étang (2);

2° De moulins ou usines, ont légalement la propriété du biez qui y amène l'eau et du canal de fuite par lequel elle s'écoule, lorsque ce biez et ce canal ont été creusés de main d'homme et pour le service de l'usine (3) ;

3° Riverains des chemins et sentiers d'exploitation, servant exclusivement à la communication entre divers héritages ou à leur exploitation, en sont présumés propriétaires, chacun en droit soi (4).

4° Riverains des rivières non navigables ni flottables et même des ruisseaux, ont la propriété

(1) C. civ., 546, 564, 641 ; Cass. 4 décembre 1888, S. 95, 1. 105.

(2) C. civ., 558.

(3) Comp. C. civ., 546 ; Cass., 4 février 1873, S. 73, 1, 53, D. 74, 1, 122 ; Cass. 19 février 1896, S. 1900, 1, 191.

(4) L. 20 août 1881, art. 33.

du lit, avec le droit de prendre tous les produits naturels (1).

4. — Les habitants des communes du littoral, et les propriétaires ou usufruitiers de terres cultivées situées dans ces communes, peuvent récolter le goémon (varech, sart) de rive, chacun dans l'étendue de son territoire. Les propriétaires de terres cultivées situées dans les communes du littoral, ont le droit à la récolte du varech sans être tenus de justifier du fait d'habitation, lorsque ces terres ont une contenance de 15 ares au moins et sont exploitées par eux. Pour les propriétés indivises ou communes, le droit de récolter n'appartient qu'aux propriétaires dont la part est d'une surface de 15 ares au moins. Les propriétaires non habitants sont tenus de produire leurs titres enregistrés; ils n'ont d'ailleurs la faculté de récolter que par eux-mêmes, leurs conjoints et leurs enfants légitimes habitant avec eux (2).

5. – L'enlèvement de sable coquiller, de sa-

(1) L. 8 avril 1898, art. 3.

(2) Décr. 4 juillet 1853, 8 février 1868, modifié le 28 janvier 1890. — L'usufruitier prend part à la récolte du varech à l'exclusion du nu propriétaire (Caen, 13 novembre 1885, S. 87 2. 161).

blon, de tangue dans la mer, pour l'engrais des terres, est permis aux cultivateurs des communes du littoral, sur certificat du maire et qui est valable pour une année (1)

6. — Le propriétaire d'un fonds est libre d'en faire ce que bon lui semble (2). C'est ainsi qu'il a, d'une manière générale, le droit : 1° De recuillir les fruits et avantages de toute nature que son fonds est susceptible de produire ; 2° D'user de la chasse (3) et de la pêche (4) qui sont des attributs de la propriété ; 3° De creuser des puits, faire des fouilles, ouvrir des carrières ou des mines (5) ; 4° de cultiver (6) ses terres comme il lui plaît et de défricher ses bois (7) ; 5° De faire des constructions jusqu'à la limite de son fonds, et à une hauteur quelconque : 6° D'établir des étangs en utilisant les eaux qui naissent ou viennent sur son héritage ; 7° De clôre et de déclôre à sa volonté ; 8° D'entretenir

(1) Ord. 19 mai 1817, art. 1 et 2 ; Arr. min. 2 décembre 1875, 10 mai 1876.

(2) C. civ., 537, 544, 1382, 1383.

(3) L. 3 mai 1844, art. 1 et 2.

(4) L. 15 avril 1829, 31 mai 1865 ; comp. décr. 17 février 1903.

(5) C. civ., 552. L. 21 avril 1810.

(6) La culture du tabac n'est pas libre, L. 28 avril 1816, art, 139.

(7) C. for., 219, 224.

tels animaux que bon lui semble ; 9° De vendre ou de donner son héritage, comme aussi de le grever de servitudes au profit d'un autre héritage.

7. — Le droit de propriété, une fois établi se maintient malgré le non usage tant qu'un tiers ne l'a pas prescrit à son profit (1).

8. — D'un autre côté, les droits des propriétaires sont soumis à des restrictions assez nombreuses, les unes établies pour l'utilité du voisinage, les autres ayant en vue l'intérêt public:

1° A l'égard des voisins, les restrictions au droit de propriété sont basées sur ce principe qu'on doit s'abstenir de causer dommage à autrui. C'est à cette règle que se rattachent les dispositions relatives au déversement des eaux, à l'égout des toits, aux jours et vues, aux plantations et à la distance de certaines constructions (2).

2° Quand aux restrictions fondées sur des motifs de sécurité ou d'intérêt public, elles comprennent notamment les établissements insa-

(1) C. civ. 2262 ; Cass. 13 juin 1865. S. 65, 1, 309. D. 65, 1, 447.
(2) C. civ., 671, 674, 678, 681.

lubres ou dangereux, les mines et carrières, les constructions et plantations près d'une voie publique, l'expropriation pour l'établissement de chemins de fer, routes, etc. (1).

9. — Au lieu d'être absolue, exclusive, la propriété se trouve parfois indivise, commune entre plusieurs personnes à titre d'accessoire d'héritages voisins; alors chacun use de la chose commune d'après sa destination, mais en s'abstenant de porter atteinte au droit égal et réciproque de ses consorts (2).

10. — Le voisinage des fleuves et rivières navigables, des places de guerre, des forêts de l'État, des chemins de fer, des routes, etc., restreint d'une manière sensible le droit de propriété, notamment pour les constructions, plantations et fouilles (3).

11. — D'autres propriétés se trouvent soumises à quelques entraves pour l'écoulement des eaux, les irrigations, le drainage, le passage pour cause d'enclave, etc. (4).

(1) Décr. 15 octobre 1810 ; L. 21 avril 1810, 3 mai 1841.

(2) C. civ., 653, 664, 666.

(3) L. 10 juillet 1851, 15 juillet 1845, 8 avril 1898 ; C. for., 151 à 153.

(4) C. civ., 640, 682 ; L. 29 avril 1845, 11 juillet 1847.

12. — Enfin les propriétaires peuvent imposer à leurs héritages des assujettissements ou servitudes pour l'usage, l'utilité ou l'agrément d'autres héritages (1).

Ces servitudes s'établissent généralement par des titres ; à défaut de titres, il peut y être suppléé, dans certains cas seulement, soit par la destination du père de famille, soit par la prescription.

Il est très important de ne pas confondre une servitude avec une propriété indivise, car les droits des intéressés diffèrent dans les deux cas. Cette distinction est sensible pour les puits, cours, allées, pressoirs, etc.

13. — Les contestations entre propriétaires, relatives au voisinage et aux servitudes, sont de la compétence du juge de paix ou du tribunal civil d'arrondissement; les difficultés intéressant le public sont généralement tranchées par l'autorité administrative.

(1) C. civ. 637, 686.

CHAPITRE PREMIER

RESTRICTIONS DE LA PROPRIÉTÉ

14. — Le législateur apporte deux sortes de restrictions au droit de propriété : les unes ont pour cause l'intérêt privé ; les autres sont édictées dans l'intérêt général.

PREMIÈRE SECTION

LIMITATIONS DANS L'INTÉRÊT DES VOISINS

15. — Les limitations pour l'utilité du voisinage sont relatives : aux jours et vues, à la clôture des fonds, aux plantations et constructions, au déversement des eaux, à l'égout des toîts, etc.

§ 1er

Jours et vues sur le voisin

16. — On appelle jours les ouvertures destinées seulement à éclairer un appartement, sans procurer ni air, ni le moyen de voir au dehors ;

au contraire, les vues permettent de regarder directement sur l'héritage d'autrui, outre qu'elles laissent entrer l'air du dehors. Cette différence entre les deux espèces d'ouvertures est très intéressante.

I. *Règles légales*

1° JOURS

17. — Celui qui est propriétaire d'un mur, non mitoyen, joignant immédiatement l'héritage d'autrui ou ne s'en trouvant pas à une distance qui permette d'ouvrir des vues droites ou obliques, ne peut pratiquer dans son mur que des jours garnis d'un chassis à verre dormant, c'est-à-dire fixé à demeure, et d'un treillis de fer dont les mailles aient au plus 1 décimètre (environ 3 pouces 8 lignes (1) d'ouverture (2).

Ces jours doivent être établis à 26 décimètres (8 pieds) au-dessus du plancher de la pièce qu'on veut éclairer, si c'est au rez-de-chaussée, et à 19 décimètres (6 pieds) pour les étages supérieurs (3).

(1) Le pied valait 0,3248 ; le pouce 0,027 ; la ligne 0,00225.

(2) C. civ., 676 ; comp. 678, 679 ; Caen, 10 janvier 1871, R. 71, 89.

(3) C. civ., 677. — Pour une ouverture garnie de plots ou

Il faut donc trois conditions : fer maillé, verre dormant et une certaine hauteur.

18. — Lorsque les deux fonds ne sont pas de même niveau, il suffit que la hauteur existe du côté du voisin qui se propose d'ouvrir des jours (1).

19. — S'il s'agit d'éclairer un escalier, il faut qu'il y ait toujours la hauteur voulue entre chaque ouverture et la marche la plus rapprochée (2).

20. — Du reste, le propriétaire a le droit de donner aux jours la hauteur et la largeur qu'il juge convenable (3).

21. — Quant aux soupiraux des caves, la loi n'en dit rien ; en pratique on admet qu'il est permis de les établir selon la disposition de la pièce, à une hauteur moindre que celle légale, pourvu que le voisin n'en éprouve aucune incommodité sensible (4).

blocs de verre de grande épaisseur, v. Gex, 27 juillet 1900, S. 01, 2, 147.

(1) Pardessus, 210 ; Demolombe, XII, 534 ; Delvincourt, I, 163. — *Contrà*, Toullier, II, 526.

(2) Aubry et Rau, § 196, note 12 ; Demolombe, XII, 535 ; Huc, IV, 380.

(3) Pardessus, 210 ; Marcadé, art. 677 ; Toullier, II, 525.

(4) Aubry et Rau, § 196, note 13 ; Huc, IV, 380.

22. — Les jours pratiqués ainsi qu'il vient d'être dit, ne constituent aucune servitude sur le fonds du voisin ; en conséquence, celui-ci a le droit, soit d'élever sur son fonds des constructions qui rendront inutiles les jours ouverts (1), soit d'acquérir la mitoyenneté du mur joignant immédiatement et d'exiger la fermeture des jours, quoiqu'ils existent depuis plus de trente ans (2).

Mais, si le propriétaire du mur, outrepassant son droit, a ouvert des vues proprement dites ou des jours libres, il acquerra la prescription par trente ans, à moins de prouver par un écrit ou par un ensemble de circonstances, qu'ils n'ont été établis qu'à titre de tolérance (3).

2° Vues

23. — Les vues sont droites ou obliques : les vues droites s'exercent par des ouvertures faites dans un mur parallèle à la ligne de séparation des deux héritages ; les vues obliques s'exercent

(1) Demolombe, XII, 540 ; Huc, IV, 381 ; Laurent, VIII, 40.

(2) C. civ., 661, 675 ; Cass., 13 juin 1888, S. 88, 1, 413.

(3) Cass., 20 octobre 1891, S. 92, 1, 115 ; Demolombe XII, 533 *bis ;* Aubry et Rau, § 196, note 20 ; Laurent, VIII, 318 ; comp. Nancy, 16 novembre 1889, S. 91, 2, 161.

par des ouvertures pratiquées dans un mur qui fait angle avec cette ligne.

24. — On ne peut établir de vues droites sur le fonds d'autrui, au moyen de fenêtres d'aspect, balcons, ou autres semblables saillies, qu'à la distance de 19 décimètres (6 pieds) de ce fonds, peu importe qu'il soit clos ou non (1).

Sont assimilés aux vues droites les belvédères (2), terrasses (3), plates-formes (4) et paliers d'escaliers (5), disposés de manière à permettre une vue sur la propriété voisine.

25. — La distance se compte pour les fenêtres ouvertes dans un mur de bâtiment ou de clôture, du parement extérieur de ce mur, et pour les balcons, saillies ou autres ouvrages, de la ligne extérieure de l'appui ou de la balustrade de face, jusqu'à la ligne formant limite de l'héritage voisin (6).

(1) C. civ., 678; Demolombe, XII, 560; comp. Rennes, 2 avril 1895, S. 96, 2, 111.

(2) Comp. Metz, 25 mai 1848, S. 50, 1, 19; Demolombe, XII, 572.

(3) Bordeaux, 18 mars 1858, S. 59, 2, 177; Rennes, 2 avril 1895, S. 96, 2, 111; comp. Rouen, 18 avril 1868, R. 68, 83.

(4) Cass., 26 octobre 1898, S. 98, 1, 485; comp. Caen, 12 avril 1866, S. 67, 2, 17; Baudry-Lacantinerie et Chauveau, 1032.

(5) Caen, 16 mars 1871, R. 71, 117.

(6) C. civ., 680.

26. — Si les deux héritages sont séparés par un mur mitoyen, la ligne séparative passe au milieu de l'épaisseur de ce mur (1).

Quand les voisins sont séparés par une cour commune, un passage commun, ou un chemin privé d'exploitation, d'une largeur d'au moins 19 décimètres, chacun des copropriétaires à la faculté de pratiquer des ouvertures directes dans les constructions bordant ce terrain (2).

27. — Il n'est permis d'avoir de vues par côtés ou obliques sur le fonds d'autrui, qu'à la distance de 6 décimètres, 2 pieds (3), comptés : pour les fenêtres, de l'arête des montants de ces ouvertures, et pour les balcons ou autres saillies de la ligne extérieure de la balustrade ou de l'appui du côté où se prend la vue, jusqu'au point le plus rapproché de la ligne formant la limite de l'héritage voisin (4).

28. — Lorsque des vues ont été établies à une distance moindre que celle légale, le voisin

(1) Cass., 5 mai 1831 ; Pardessus, 203 ; Demolombe, XII, 557.

(2) Cass., 19 juin 1876, 25 juin 1895, 28 octobre 1901, S. 02, 1.82, Caen, 24 août 1842, S. 43, 2, 78, D. 43, 2, 83.

(3) C. civ., 679.

(4) Pardessus, 206; Aubry et Rau, § 196, note 25; Demolombe, XII, 552.

sur l'héritage duquel elles donnent, est autorisé à en demander la suppression pure et simple ; mais la jouissance de pareilles vues pendant 30 ans, conduirait à l'acquisition d'une véritable servitude de vue (1).

29. — Les règles relatives à la distance des vues ne concernent pas celles acquises par titre ou par destination du père de famille (2).

30. — Ces règles sont d'ailleurs étrangères : 1° Aux intervalles que présente une clôture d'après son mode de construction, par exemple lorsqu'elle est à claire-voie ou sous forme de grille, même sur un mur à hauteur d'appui (3); 2° Aux ouvertures d'accès, telles que portes à panneaux pleins et sans vitrage (4); 3° Aux vues donnant sur une voie publique, bien qu'à raison de son peu de largeur, les vues droites ne se trouvent

(1) Cass., 19 octobre 1886, S. 90, 1, 250.

(2) Cass., 10 décembre 1888, S. 89, 1, 156.

(3) Cass., 3 août 1836, S. 36, 1, 744 ; Caen, 19 mai 1837, R. 37, 421 ; Demolombe, XII, 561 ; Aubry et Rau, § 196, note 27. — *Contrà*, Angers, 9 février 1849, S. 49, 2, 277.

(4) Cass.., 28 juin 1875, 25 mars 1902, S. 02. 1, 232; Caen, 2 mars 1852, 28 mai 1862, R. 62, 330; Saint-Lô, 1er février 1888, R. 88, 265. comp. Rennes, 3 mars 1879, S. 81, 2, 136 ; Bordeaux, 13 décembre 1894, S. 95, 2, 191. — *Contrà*, Caen, 27 avril 1857, S. 58, 2, 177.

pas à 19 décimètres du fonds voisin (1) ; 4° Aux vues donnant sur un mur plein, ou sur le toit non percé d'ouvertures appartenant au voisin, car alors la vue ne s'exerce pas en réalité dans l'intérieur de son héritage (2) ; 5° Aux lucarnes ou fenêtres à tabatière pratiquées dans le toit et ne permettant pas de diriger la vue chez le voisin (3).

II. *Anciennes règles coutumières*

31. — Pour les jours et vues remontant à une époque antérieure au code civil (février 1804), les règles coutumières sont encore applicables (4).

32. — En Normandie, dans les murs joignant sans moyen, les jours devaient toujours être à sept pieds (2m33) au-dessus du sol, sans distinc-

(1) Cass., 28 octobre 1892, S. 92, 1, 23 ; Rouen, 9 décembre 1878, S, 79, 2, 147.

(2) Cass., 4 février 1889, S. 91, 1, 161 ; Caen, 14 mars 1838, R. 38, 162 ; Rouen, 7 décembre 1858, R. 59, 44.

(3) Laurent, VIII, 56 ; Demolombe, XII, 571 ; comp. Caen, 12 avril 1866, S. 67, 2, 17 ; Rouen, 24 mai 1881, R. 81, 289.

(4) C. civ., art. 2 ; Cass., 10 janvier 1825 ; Caen, 22 décembre 1851, R. 52, 31.

tion entre le rez-de-chaussée et les étages supérieurs (1).

C'est aussi ce que disent les coutumes d'Anjou (art. 455), du Maine (art. 467), de Chartres (art. 80), de Dreux (art. 68), de Châteauneuf (art. 95).

33. — La coutume de Paris (art. 200 et 201) exigeait que les jours fussent à neuf pieds au-dessus du sol au rez-de-chaussée et à sept pieds pour les étages, avec verre dormant scellé et fer maillé de 4 pouces en tous sens, au plus.

Dans les coutumes de Clermont (art. 218) et de Mantes (art. 66) semblable hauteur est prescrite.

Les usements de Rennes (art. 11) et de Nantes (art. 3) exigent sept pieds et demi.

34. — En ce qui concerne les vues libres, droites et de côté, la loi municipale normande est muette (2).

Sous la coutume de Paris (art. 202), il fallait six pieds pour la vue droite et deux pieds seulement pour la vue ou baie de côté.

(1) Cout. art. 616.

(2) Basnage, sous l'art. 616, rouve raisonnable de suivre la coutume de Paris.

Celle du Grand-Perche (art. 217), plus facile, n'exige qu'un pied de distance; pour celles d'Anjou (art. 455) et du Maine (art. 463) un demi-pied suffit.

§ 2e

Clôture d'héritage

I. *Dispositions générales*

35. — Le droit de clore et déclore son héritage appartient à tout propriétaire (1), mais il y a des exceptions à signaler.

36. — Un propriétaire ne pourrait par la clôture de son fonds : le soustraire à la servitude légale de passage pour cause d'enclave (2) ; rendre plus incommode l'exercice d'une servitude conventionnelle de passage (3) ; nuire aux servitudes de vue, de prospect, etc., le grevant (4).

36. — Les fonds se trouvant dans le voisinage des places de guerre (5), ou près d'un cours

(1) C. civ., 647, 663 ; Décr. 28 septembre-6 octobre 1791, sect. IV, art. 4.

(2) C. civ., 682 ; Laurent, VII, 441.

(3) Caen, 20 janvier 1891, S. 91, 2, 202; Demolombe, XI, 284.

(4) Cass., 10 juin 1874, S. 75, 1, 296, D. 75, 1, 165.

(5) Décr. 10 août 1853.

d'eau navigable (1), sont soumis à des servitudes qui entravent le droit de clore.

37. — Celui dont l'héritage est traversé par un cours d'eau non navigable ni flottable, n'est pas autorisé à fermer ce cours d'eau au moyen de chaînes, pour s'opposer au passage des bateaux que chacun peut y faire circuler, à titre de faculté résultant du droit commun (2).

38. — Les droits de parcours et de vaine pâture (3), fondés seulement sur la coutume ou sur un usage local, ne font pas obstacle à la faculté de se clore (4).

Il en serait autrement si le droit de vaine pâture était fondé sur un titre, surtout dans le cas où le titre renfermerait la stipulation for-

(1) L. 8 avril 1898, art. 46.

(2) Cass., 8 mars 1865, S. 65, 1, 108, D. 65, 1, 130; Rouen, 3 janvier 1866, S. 66, 2, 152 ; Paris, 26 juillet 1901, S. 02, 2, 1, D. 02, 2, 201.

(3) La *vaine pâture* est le droit qu'ont les habitants d'une commune de conduire leurs troupeaux sur les champs non clos après l'enlèvement des récoltes, ou sur les prairies naturelles après que les premières herbes ont été fauchées ou consommées. Ce même droit exercé d'une commune à une autre par voie de réciprocité, prend le nom de *parcours* (L. 28 septembre-6 octobre 1791 ; comp. L. 9 juillet 1889).

(4) L. 9 juillet 1889, art. 6.

melle, précise, d'une servitude conventionnelle de pâturage, ou mieux encore un droit de propriété (1) ; alors, il y aurait obstacle invincible à la clôture.

39. — Le propriétaire qui use de la faculté de clore un héritage l'affranchit de la vaine pâture et perd son droit aux parcours et vaine pâture, en proportion du terrain qu'il y soustrait (2).

Est réputé clos, tout terrain entouré soit par une haie vive, soit par un mur, une palissade, un treillage, une haie sèche d'une hauteur de 1 mètre au moins, soit par un fossé de 1^{m}20 à l'ouverture et de 50 cent. de profondeur, soit par des traverses en bois ou des fils métalliques distants entr'eux de 33 cent. au plus, et s'élevant à un mètre de hauteur, soit par toute autre clôture continue et équivalente faisant obstacle à l'introduction des animaux (3).

40. — Les clôtures au moyen de haies vives ou de fossés doivent être placées à une certaine distance du fonds voisin (n°s 46, 71) ; quant aux

(1) Cass., 14 novembre 1853, 28 juillet 1875, S. 76, 1, 462 ; Caen, 13 juillet 1835, 25 juillet 1845, 17 janvier 1851, S. 54, 1, 105.

(2) C. civ., 648 ; L. 9 juillet 1889, art. 6 et 7.

(3) L. 9 juillet 1889, art. 6.

palissades, treillages, clôtures sèches et murs, ils peuvent être établis à limite d'héritage, malgré tous prétendus usages contraires, et quelle que soit la nature du fonds voisin (1).

II. *Règles normandes*

41. — Il est loisible à toute personne de déclore son fonds lorsque bon lui semble (2). Cependant les propriétaires d'héritages ruraux clos de haies vives ou de fossés, sont tenus d'entretenir ces clôtures, si mieux ils n'aiment les détruire entièrement le long du fonds voisin, ce qu'ils ont la liberté de faire s'il n'y a titre contraire. Néanmoins, ceux qui veulent détruire leur clôture ne peuvent user de ce droit que depuis le 1er novembre jusqu'au 25 décembre, et après avoir averti le voisin trois mois avant le 1er novembre (3), afin qu'il ait le temps de faire une nouvelle clôture s'il le juge utile.

42. — L'usage en Normandie étant de faire

(1) Evreux, 19 février 1881, R. 81, 83, S. 81, 2, 247. — *Contrà*, usages Eure, art. 20 et 36.

(2) Caen, 19 décembre 1860, R. 61, 20.

(3) Arrêt Parlement, 17 août 1751, art. 11 ; Flaust, II, 42 ; Caen, 22 janvier 1843, R. 48, 500 ; Demolombe, XI, 481.

dépouiller les herbages et pâturages par des animaux en liberté, sans gardien, si ces animaux pénètrent dans une propriété limitrophe close de haies, par exemple un jardin, le propriétaire de jardin n'est pas recevable, quand sa clôture est en mauvais état, à réclamer indemnité pour le dommage causé, parce qu'il doit entretenir sa clôture tant qu'il la conserve (1).

43. — Quand les animaux laissés à l'abandon passent sur le terrain d'autrui, le propriétaire de ces animaux est responsable du dommage et commet un délit rural (2).

§ 3e

Distance des plantations

I. *Règles générales*

44. — A défaut d'usages constants contraires, il n'est permis d'avoir des arbres, arbrisseaux et arbustes près de la limite de la propriété voisine qu'à la distance de 2 mètres de la ligne

(1) Bayeux, 13 janvier 1860 ; Pont-l'Évêque, 31 mai 1866, R. 66, 116.

(2) C. civ., 1385 ; L. 21 juin 1898, art. 15 ; comp. Cass., 1er juillet 1893, S. 94, 1, 159 ; 1er mai 1897, S. 97, 1, 541.

séparative des deux héritages, pour les plantations dont la hauteur dépasse 2 mètres, et à la distance de 1/2 mètre pour les autres plantations (1).

Cette règle n'est pas modifiée par la nature de la propriété voisine, notamment lorsqu'elle est en nature de bois (2).

45. — La distance légale se calcule depuis le centre de l'arbre et non de sa surface extérieure, jusqu'à la ligne séparative (3).

Pour les héritages séparés par une clôture mitoyenne, la ligne séparative est au milieu de l'espace qu'occupe cette clôture (4).

Si les deux propriétés sont divisées par un cours d'eau, non navigable ni flottable, le calcul de la distance se fait du milieu du ruisseau dont le lit appartient aux riverains (5); cette règle est nouvelle, autrefois il fallait calculer du bord

(1) C. civ., 671.

(2) Cass., 24 juillet 1860, S. 60, 1, 897, D. 60, 1, 320; Rennes, 19 juin 1838, S. 38, 2, 526.

(3) Solon, 243; Aubry et Rau, § 197, note 13; Laurent, VIII, 8; Huc, IV, 364. — *Contrà*, Demolombe, XI, 496, dit que la distance doit être calculée à partir de la surface de l'arbre au moment de la plantation.

(4) Pardessus, 194; Demolombe, XI, 495; Huc, IV, 364.

(5) L. 8 avril 1898, art. 3.

de la propriété voisine, parce que le lit du cours d'eau n'appartenait à personne (1).

46. — Les haies vives se plantent à 1/2 mètre du fonds voisin (2); elles doivent être maintenues à une hauteur maximum de 2 mètres et taillées tous les cinq ou six ans.

Pour les haies entre jardins, la taille annuelle est obligatoire.

47. — Quand aux treillages, palissades et haies sèches, il n'y a aucune distance à observer pour leur établissement (3).

48. — La bande de terrain de 50 centimètres laissée entre la haie vive et la propriété du voisin, est appelée franc bord, franche raie, lisière, pas de bœuf, porte rouelle, répare, rivet, semelle, tour de haie, etc.

Cette bande reste appartenir au propriétaire de la haie qui peut s'opposer à ce que le voisin dispose du terrain en aucune façon (4). De son côté, le voisin a le droit d'exiger l'essartement,

(1) Cass., 8 mars 1865 ; Rouen, 3 janvier 1866, D. 66, 2, 152, S. 66, 2, 152.

(2) C. civ., 671.

(3) Pardessus, 187; de Vilade, p. 151 ; Usages Eure, 36 ; Usages Seine-inférieure, 180.

(4) Rouen, 29 avril 1862, R. 62, 182; comp. Loysel, 71.

c'est-à-dire la coupe des accrues et broussailles poussant sur cette bande.

49. — Les arbres, arbustes et arbrisseaux de toute espèce peuvent être plantés en espaliers, de chaque côté du mur séparatif, sans que l'on soit tenu d'observer aucune distance, mais ils ne pourront dépasser la crète du mur. Si le mur n'est pas mitoyen, le propriétaire seul a le droit d'y appuyer ses espaliers (1)

50. — Le voisin peut exiger que les arbres, arbrisseaux et arbustes, plantés à une distance moindre que celle légale, soient arrachés ou réduits à la hauteur déterminée, à moins qu'il n'y ait titre, destination du père de famille ou prescription trentenaire. Si les arbres meurent, ou s'ils sont coupés ou arrachés, le voisin n'a le droit de les remplacer qu'en observant les distances légales (2).

51. — Celui sur la propriété duquel avancent les branches des arbres du voisin peut contraindre celui-ci à les couper. Les fruits tombés naturellement de ces branches lui appartiennent. Si ce sont les racines qui avancent sur son hé-

(1) C. civ., 671; Montmédy, 12 juin 1901, S. 03, 2, 21.

(2) C. civ., 672; comp. Cass. 27 décembre 1897, S. 98, 1, 164.

ritage, il a le droit de les y couper lui-même. Le droit de couper les racines ou de faire couper les branches est imprescriptible (1).

52. — L'observation des distances de 2 mètres et de 1/2 mètre doit avoir lieu à la ville comme à la campagne, entre les terrains en culture comme entre ceux en prairie (2).

II. *Règles coutumières*

53. — D'ailleurs, les distances qui viennent d'être indiquées ne sont à observer qu'à défaut de règlements ou d'usages locaux constants et reconnus (3).

1° NORMANDIE

54. — A cet égard un règlement du 17 août 1751, édicté par le Parlement de Normandie, contient des dispositions spéciales toujours en vigueur, dans cette province, pour les plantations rurales (4).

(1) C. civ., 673; comp. Agen, 3 mars 1893, S., 93, 2, 144.

(2) Caen, 19 février 1859, S. 59, 2, 587; Laurent, VIII, 4; Demolombe, XI, 485.

(3) C. civ., 671.

(4) Caen, 24 août 1835, 22 janvier 1848, R. 48, 500.

55. — Nul ne peut planter pommiers ou poiriers qu'à 7 pieds (2^m33) de distance du fonds voisin, et le propriétaire des arbres est tenu de couper l'extrémité des branches autant qu'elles s'étendent sur le terrain voisin (1).

56. — Les arbres de haute futaie ne peuvent être plantés dans les terres non closes ou sur les fossés qu'à 7 pieds de distance du fonds voisin (2)

Par exception, dans le pays de Caux, entre masures et herbages, les arbres de haut jet sont plantés à 1 mètre 16 cent. (3).

57. — On plante le jonc marin (vignon, ajonc), à 3 pieds (1 mètre) du fonds voisin (4).

58. — Le bois taillis est planté à 7 pieds sans fossé de séparation ou à 5 pieds avec fossé; néanmoins, il est permis de planter un bois taillis jusqu'à l'extrémité de son terrain, proche le bois taillis voisin (5).

(1) Arrêt 17 août 1751, art. 5. — Il est généralement admis que le voisin doit accorder le passage pour pratiquer l'élagage et retirer les branches en provenant.

(2) Arrêt 1751, art. 6 et 14.

(3) Usages Seine-Inférieure, 169, 170.

(4) Arrêt 1751, art. 9.

(5) Même art.

59. — Les haies peuvent être plantées à 1 pied 1/2 (50 cent.) du voisin (1).

On appelle haie de pied celle plantée verticalement dans le sol uni ou sur le haut d'un talus, et haie en douve ou tablette celle couchée à plat, ordinairement sur le bord d'un fossé et recouverte de terre.

La distance réglementaire doit être observée pour les unes comme pour les autres. Les plus anciens brins de bois formant la haie sont appelés *pieds cormiers* ; ils servent à déterminer la ligne sur laquelle la plantation a été primitivement faite.

60 — Les semis de pépinières se font à 50 cent. du fonds voisin.

61. — Il est obligatoire de tailler les haies au moins tous les six ans du côté du voisin, et de les réduire alors à la hauteur de 5 à 6 pieds au plus, sans laisser échapper aucun baliveau (2).

Entre jardins, les haies doivent être taillées annuellement (3).

62. — Du reste, la distance de 7 pieds fixée

(1) Arrêt 1751, art. 10.

(2) Arrêt 1751, art 10.

(3) Usages Seine-Inférieure, 181 à 183 ; Usages Eure, 27 et 28.

par le règlement de 1751 pour les arbres de haut jet, s'applique seulement aux terrains nus ou clos de haies ; elle est étrangère aux héritages clos de murs (1) ; en conséquence, dans ces terrains, la distance de 2 mètres fixée par le Code civil est seule à observer pour les plantations.

63. — Il n'y a aucune distance à observer pour planter des grands arbres dans les villes de Caen, Bayeux (2) et Cherbourg (3).

A Rouen, dans les jardins des maisons de plaisance, les arbres à haute tige, surtout ceux d'agrément, sont plantés jusqu'à l'extrême limite de la propriété (4).

Il n'existe pas à Lisieux d'usage contraire aux prescriptions du Code civil pour la plantation des arbres (5).

64. — Dans les prairies bordant une petite rivière ou un ruisseau, il est permis, pour garantir le sol de l'action des eaux, de planter les arbres aquatiques, peupliers, saules, aulnes, etc., sans observation de distance à l'égard du voisin,

(1) Flaust, II, 909 ; Caen, 19 février 1859, S. 59, 2, 587.

(2) Caen, 25 juin 1831 ; Tr. Caen, 25 mars 1840, R. 40, 105.

(3) Loysel, p. 83 ; Mouchel, p. 30.

(4) Tr. Rouen, 14 avril 1866 ; 9 mars 1878, R. 78, 197.

(5) Caen, 15 juin 1876, R. 76, 163.

mais en espaçant les sujets de 3 mètres entr'eux.

65. — Toujours, le voisin sur lequel avancent les branches des arbres peut contraindre le propriétaire à les couper.

3° AUTRES PROVINCES

66. — En Picardie, la distance est de 5 pieds entre la ligne séparative des héritages et les arbres de haut jet (1).

Les haies se rabattent tous les 4 ou 5 ans à hauteur de 1m50.

67. — Dans l'intérieur de Paris, les plantations d'arbres peuvent avoir lieu à la distance d'un mètre, sauf l'élagage (2).

En banlieue de Paris, aucune distance n'est imposée pour les plantations d'arbustes, à la condition de les tailler pour qu'ils ne dépassent pas la clôture (3).

68. — Les ormes, noyers et autres arbres

(1) Arrêt parl., Paris, 1er août 1760 ; Amiens, 21 décembre, 1821. Bouthors déclare que cet usage disparaît pour faire place aux règles du Code civil.

(2) Paris, 17 février 1862, S. 62, 2, 137, D. 62, 2, 257. — *Contrà* Paris, 27 août 1858, S. 58, 2, 637, D, 61, 2, 449, disant qu'il est permis de planter jusqu'à l'extrême limite.

(3) Cass., 10 juillet 1872, S. 72, 1, 392, D. 72, 1, 257.

dans l'Orléanais, doivent être à 2 toises ou $3^{m}90$ des vignes du voisin (1).

69. — La distance de 50 cent. pour les haies vives est généralement observée (2).

§ 4°

Distance des fossés

I. *Généralités*

70. — On distingue deux genres de fossés: le fossé en creux (3), et le fossé en élévation appelé aussi masse, banque, levée, etc.

Le fossé creusé comprend trois objets: le creux proprement dit, fait en talus; la répare (on dit aussi réparation, berge, franc bord) du côté du voisin, et une haie plantée en douve ou tablette. La terre provenant du creusement est d'ordinaire rejetée sur le fonds du propriétaire, et c'est à la base de ce rejet que la haie est établie, les brins étant couchés, les racines du côté du

(1) Cout. Orléans, 259.

(2) Usages Ille-et-Vilaine, 11; Watrin, Usages d'Eure-et-Loir; Cout. Orléans, 259.

(3) Comp. C. civ., 666.

constructeur ; d'autres fois cependant la terre se rejette du côté du voisin sur la répare, et la haie couchée sur le sol du rejet, les racines du côté du voisin.

Le fossé élevé ou masse est entouré de deux creux, celui du côté du voisin en glacis seulement ; quelquefois pourtant, la masse n'a pas de glacis ; elle est toujours plantée d'une haie ou même d'une double haie placée sur les bords du sommet.

71. — Le Code ne s'étant pas occupé de la façon d'établir les fossés, il a laissé subsister les usages locaux fixant notamment la distance à observer entre le bord extérieur des fossés et la limite des fonds voisins, afin d'éviter l'éboulement des terres (1).

II. *Règles normandes*

72. — Celui qui veut creuser un fossé chez lui est obligé, pour éviter les éboulements, de laisser entre le bord extérieur de son fossé et la ligne divisoire, un espace libre appelé répare, de

(1) Cass., 11 avril 1848, 3 juillet 1849, S. 49, 1, 624, D. 49, 1, 316 ; Pardessus, 186 ; Demolombe, XI, 464 ; comp. Baudry-Lacantinerie et Chauveau, 998.

50 centimètres (1 pied 1/2), et si la terre voisine est en labour, la séparation doit être de 66 centimètres (2 pieds) ; en outre, il faut toujours que le fossé soit fait en talus du côté du voisin (1).

73. — Le propriétaire d'un fossé est présumé avoir la propriété d'une répare, lors même que le fossé existerait entre deux bois taillis (2). Cette présomption cesse quand il s'agit d'un fossé creusé à l'origine entre diverses parties d'un même domaine (3).

74. — Il y a obligation pour le propriétaire de maintenir sa répare libre et dégagée des ronces, épines et autres accrues qui pourraient l'envahir (4).

75. — Quant au fossé en élévation ou masse, il est ordinairement établi à 50 centimètres de la propriété voisine (5).

(1) Arrêt 1751, art. 13 ; Évreux, 9 mai 1861 ; Caen, 20 juin 1885, R. 85, 218. — Loysel dit (page 70), que la répare est de 1 pied dans le canton de Saint-Pierre-Église.

(2) Caen, 14 juillet 1825, 13 mars 1839, R. 39, 75.

(3) Rouen, 18 novembre 1880, R. 81, 97.

(4) Caen, 20 juin 1885, R. 85, 218.

(5) Caen, 26 avril 1831, 30 mars 1859, R. 59, 161 ; Usages Eure, 44 ; Usages Seine-Inférieure, 177.

Au pied du fossé du côté voisin, on fait souvent un glacis ou une rigole peu profonde, destinée à recevoir la terre d'éboulement, et qui est rejetée sur la masse (1).

Dans quelques contrées cependant, les levées ou masses sont placées à fin d'héritage (2), mais construites en talus, de manière que la haie plantée au sommet se trouve à la distance réglementaire du fonds voisin.

Au surplus, la plantation de bornes au long et au pied de la masse de terre, prouve qu'il n'existe pas de répare (3).

76. — On peut forcer le propriétaire à curer ses fossés, quand ils s'engorgent de manière à nuire au libre écoulement des eaux (4).

77. — La répare d'un fossé n'est point imprescriptible : le voisin en prescrit la propriété par une culture de 30 années (5).

(1) Caen, 26 avril 1831 ; Rouen, 2 juillet 1877, R. 78, 85.

(2) Usages Eure, 46 ; Usages Seine-Inférieure, 177.

(3) Caen, 8 mai 1865, R. 65, 95.

(4) Pardessus, 182 ; de Vilade, 253 ; comp. L, 21 juin 1898, art. 23.

(5) Caen, 5 novembre 1859, S. 60, 2, 204 ; Demolombe, XI, 466.

III. *Coutumes voisines*

78. — Sous la coutume de Paris, la distance à observer est de un pied (33 cent.) à partir de la ligne extérieure du creux du fossé.

79. — En Bretagne, la lisière de terre du côté du voisin a une largeur de 16 centimètres ou un demi-pied (1).

80. — Dans le Maine, le terrain destiné à soutenir les terres du voisin et à faciliter la culture, s'appelle pas de bœuf ; il doit avoir 17 centimètres (2).

§ 5e

Distance des constructions nuisibles

I. *Règles générales*

81. — Celui qui veut dans son fonds : 1° Creuser un puits ou une fosse d'aisance ; 2° Construire une cheminée, âtre, un fourneau ou une forge ; 3° Établir une étable, un dépôt de sel ou autres matières corrosives.

(1) Usages Ille-et-Vilaine, 9. Dans le Finistère, la distance des fossés est de 82 cent.

(2) Usages Mayenne, 6.

Est obligé de laisser entre ces excavations, constructions ou dépôts, et le mur qui sépare son fonds de l'héritage voisin, la distance prescrite par les règlements et usages sur la matière, ou du moins de faire les ouvrages prescrits par les mêmes règlements et usages pour éviter de nuire au voisin (1).

82. — À défaut d'observation des précautions requises, le voisin est fondé à exiger la démolition, ou au moins l'établissement immédiat des ouvrages que le propriétaire a négligé de faire (2).

Si les travaux ont été effectués conformément aux règles de l'art, le constructeur n'est pas à l'abri de toute action de la part du voisin, mais du moins il ne pourra être recherché qu'en cas d'accident (3).

II. *Coutumes normandes*

83. — En ce qui concerne les fosses d'aisances, fosses à fumier, cloaques et citernes, il faut un contre-mur de 1 mètre d'épaisseur (3 pieds),

(1) C. civ., 674.

(2) Cass. 29 janvier 1829; Caen, 20 avril 1877, R. 77, 275.

(3) C. civ., 1382 ; Pardessus, 201 ; Demolombe, XI, 524.

construit en pierre, chaux et sable (1), ou de toute autre manière, pourvu qu'il n'y ait aucune infiltration ni atteinte à la propriété voisine (2).

84. — Pour les étables, vacheries, bergeries, écuries, il est exigé un contre-mur de 22 à 33 centimètres d'épaisseur et de hauteur jusqu'au rez de la mangeoire (3).

85. — Celui qui veut établir une cheminée contre un mur en maçonnerie, d'épaisseur ordinaire, non mitoyen, est tenu : 1° De rembourser à son voisin, propriétaire du mur, la moitié de sa valeur dans la largeur occupée par la cheminée et les tuyaux, et, en outre, 1 pied d'aile (33 centimètres) au-delà de chaque côté, dans toute la hauteur; 2° De laisser le mur entier et d'y adosser, suivant les règles de l'architecture, une forte plaque en fonte ou un contre-mur de briques de 11 centimètres (4 pouces) d'épaisseur, s'élevant jusqu'au manteau de la cheminée.

(1) Coutume Norm., 613; Basnage, II, 576; Flaust, II, 899; Caen, 17 mai 1847, R. 47, 309; comp. Caen, 27 janvier 1870, R. 70, 257; Usages Seine-Inférieure, 189; Usages Eure, 62 à 64; Usages Orne, p. 57.

(2) Avec une maçonnerie bétonnée et cimentée, l'épaisseur du contre-mur pourrait être réduite de moitié au moins.

(3) Caen, 20 avril 1877, R. 77, 275.

2

Si le mur est en bois, le contre-mur doit être écarté de 6 pouces, pour une cheminée ordinaire, et avoir au moins 8 pouces d'épaisseur jusqu'au manteau (1).

86. — Tout propriétaire peut creuser un puits dans son terrain, pourvu qu'il prenne les précautions nécessaires et observe les distances voulues ; ainsi, quand le puits est à proximité soit d'un mur séparatif de deux héritages, soit d'une cave ou d'un autre puits, il faut établir un contre-mur depuis le fonds du puits jusqu'au niveau du terrain. Ce contre-mur est construit circulairement selon la circonférence du puits, et doit se trouver à 1 mètre de distance de la propriété voisine (2).

87. — Aux forges, fours et fourneaux il faut un mur particulier de 33 centimètres (1 pied) d'épaisseur, en pierre, brique ou moellon, et séparé du mur mitoyen par un demi pied (17 cent.) de vide et intervalle (3), afin que l'air circule librement.

Le demi pied d'intervalle, appelé le tour du

(1) Comp. C. civ., 662 ; Règl. Rouen, 47 ; Coutume Norm., 611.
(2) Cout. Norm., 613 ; Demolombe, XI, 619 ; Lepage, I, 128.
(3) Cout. Norm., 614 ; Rouen, 27 mars 1855, R. 55, 129.

chat, étant exigé aussi bien dans l'intérêt public que dans celui des voisins, il n'est pas permis de déroger à cette prescription par des conventions particulières (1).

Les mêmes règles sont applicables aux forges des maréchaux, serruriers, couteliers, etc.

88. — Tous les forgerons qui usent du charbon de terre sont tenus de faire exhausser leurs cheminées de 66 centimètres au moins au-dessus du faîte des maisons pour éviter la puanteur (2).

89. — Pour les magasins de sel et autres matières corrosives, il est établi, contre le mur mitoyen ou non, un contre-mur de 1 pied d'épaisseur; sa longueur et sa hauteur sont celles des magasins eux-mêmes (3).

90. — Également il n'est pas permis d'adosser contre un mur, des amas de terres (terres jectisses), vieux bois, fumiers, etc., dont l'humidité et la pression ne manqueraient pas d'endommager.

(1) Arrêt 28 mars 1726 ; Règlement mun., Rouen, 605.

(2) Arrêt 29 mars 1510, 28 août 1726 ; Caen, 1er décembre 1837, 9 juin 1840, R. 40, 281.

(3) Arrêt 13 juillet 1742 ; Caen, 20 avril 1877, R. 77, 275.

III. *Autres coutumes*

91. — En Bretagne, il faut, pour : 1° un puits, un contre-mur de 50 centimètres d'épaisseur à chaux et sable; 2° une fosse d'aisance ou à purin, un contre-mur de 66 cent.; 3° une cheminée adossée, un contre-mur de 12 centimètres d'épaisseur jusqu'à hauteur de la tablette ; 4° un four, le tour du chat de 33 centimètres; 5° une forge ou un fourneau, un vide de 162 millimètres et un contre-mur de 325 millimètres; 6° une étable ou une écurie, un contre-mur de 216 millimètres jusqu'à la mangeoire ; 7° amas de fumier ou dépôt de sel, contre mur de 216 millimètres ; 8° Terres rapportées, contre-mur de 33 centimètres au moins (1).

91. — Les usages du Maine exigent un contre-mur en bons matériaux pour les écuries, fosses à fumier (2).

92. — Dans le ressort de Paris, il faut pour : 1° une étable contre un mur mitoyen, un contre-mur de huit pouces d'épaisseur, 22 centimètres;

(1) Usages Ille-et-Vilaine, 19 à 27 ; usements de Rennes, 6 à 9 ; usements de Nantes, 12 à 14, 20, 21, 92.

(2) Robert et Gasté, Dict. des usages.

2° une cheminée contre un mur mitoyen, un contremur en briques d'un demi-pied ; 3° une forge, un four ou un fourneau, laisser un demi-pied de vide et un mur d'un pied d'épaisseur ; 4° puits ou fosse d'aisances, un contre-mur d'un pied d'épaisseur. S'il y a puits d'un côté et aisance de l'autre, faire quatre pieds d'épaisseur de maçonnerie, compris les murs ; entre deux puits il suffit de 3 pieds de maçonnerie (1).

93. — A Mantes et Meulan, le mur mitoyen doit avoir un contre-mur d'un pied d'épais au moins, contre four ou forge (2).

94. — Sous la coutume de Dunois : 1° celui qui asseoit le premier ses cheminées au mur mitoyen, doit laisser la moitié du mur et un échantille pour contrefeu ; il peut percer le mur entier et y placer ses lanciers et cimaises ; 2° il n'est pas permis de faire latrines ou citernes près du puits de son voisin, sans qu'il y ait entre deux neuf pieds de distance (3).

95. — D'après la coutume du Grand-Perche :

(1) Cout. Paris, 188 à 191 ; comp. pour Paris, L. 10 juillet 1894 ; arr. préf. 25 novembre 1897.

(2) Cout., 105.

(3) Cout., 60 et 61 ; Watrin, usages d'Eure-et-Loir.

1° on ne peut faire puits, retrait, fosse de cuisine, ni forge près d'un mur mitoyen, sans établir un contre-mur d'un pied d'épaisseur ; 2° s'il existe puits à l'un ou l'autre des voisins, les retraits et fosses doivent être placés à dix pieds de ce puits, et en y faisant un contre-mur de chaux et sable aussi bas que le fondement de ces retraits et fosses (1).

96. — Suivant la coutume de Blois : 1° pour les fosses d'aisances contre un mur mitoyen, il faut un contre-mur d'un pied et demi d'épaisseur par bas amortissant à un pied à la voûte ; 2° entre four et mur mitoyen, il est obligatoire de faire un contre-mur de un pied d'épaisseur (2).

97. — Dans l'Orléanais il est prescrit : 1° pour fosses d'aisances ou de cuisine, auprès de mur mitoyen, de construire contre-mur d'un pied et demi d'épaisseur ; 2° quand un voisin a puits à eau, les fosses d'aisances ou de cuisine ne peuvent être placées à moins de neuf pieds de distance ; 3° entre four et mur mitoyen, il doit

(1) Cout., 220 ; comp. Watrin, usages d'Eure-et-Loir.
(2) Cout., 235, 236.

existcr un espace vide d'un demi-pied (1).

98. — Il est interdit par la coutume d'Amiens d'établir des fosses d'aisances à moins de deux pieds et demi de la terre du voisin (2). La même disposition existe aussi à Abbeville (3).

§ 6e

Déversement des eaux

99. — Aucun propriétaire ne peut faire sur son fonds quoi que ce soit qui aurait pour résultat d'envoyer sur le fonds du voisin : des eaux de fontaine ou de puits ; des eaux ménagères ou industrielles (4).

Pour ces différentes eaux, le propriétaire est obligé de prendre les précautions nécessaires afin qu'elles s'écoulent sur la voie publique, ou qu'elles soient absorbées par son propre fonds.

100. — Les eaux amenées sur un fonds pour les besoins de l'agriculture ou de l'irrigation ne sauraient même être déversées sur le voisin

(1) Cout., 243, 246, 247.

(2) Cout., 166.

(3) Cout., 53.

(4) C. civ., 640; Planiol, I, 1784.

sans l'accomplissement préalable de certaines formalités (nos 374, 382).

101. — Les seules eaux que le voisin est tenu légalement de recevoir sont celles de source ou de pluie, découlant par la pente naturelle du terrain, d'un fonds supérieur sur un fonds inférieur (no 363).

§ 7e

Égout des toits

102. — Tout propriétaire d'un bâtiment est obligé d'établir ses toits de manière à faire tomber les eaux pluviales qui en découlent sur la voie publique, ou à les recevoir dans son fonds (1).

103. — En déversant ses eaux d'égout sur la voie publique, le propriétaire riverain n'a pas à répondre de la direction que leur donne l'autorité administrative (2).

Cette obligation de recevoir les eaux grève uniquement la voie publique ; dans aucun cas,

(1) C. civ., 681.

(2) Cass., 15 mars 1887, S. 87, 1, 157.

le propriétaire ne peut les faire verser sur le fonds de son voisin, quand même celui-ci lui aurait vendu un terrain à bâtir, s'accédant par une voie restée la propriété du vendeur (1).

104. — A l'égard du voisin, le propriétaire qui ne met pas de gouttière, doit laisser un espace suffisant entre l'égout de son toit et la ligne séparative des deux fonds ; en général, l'espace doit être double de l'avancement du toit (2). De plus, il faut paver cet espace si le voisin est propriétaire d'un mur sur la limite séparative, afin d'empêcher que les eaux nuisent aux fondements (3).

105. — En principe, le propriétaire du bâtiment est présumé avoir la propriété de la bande de terrain au-dessous de son larmier, sauf preuve contraire par le voisin (4).

(1) Cass., 3 juin 1891, S. 92, 1, 257, D. 92, 1, 264 ; Pardessus, 212 ; Laurent, VIII, 67 ; Baudry-Lacantinerie et Chauveau, 1067.

(2) Pardessus, 213 ; Demolombe, XII, 588.

(3) Cass., 13 mars 1827 ; Daviel, 753 ; Demolombe, XII, 587 ; Laurent, VIII, 76.

(4) Cass., 28 juillet 1851, 28 février 1872, S. 72, 1, 240, D. 72, 1, 144 ; Caen, 28 mai 1867, S. 69, 2, 23, D. Supp. Serv. 267 ; 9 mai 1889, R. 89, 157.

D'ailleurs, le maître du bâtiment peut avoir acquis la servitude d'égout (1).

§ 8°

Limitations diverses

106. — Il est interdit à tout propriétaire :

1° De faire des fouilles ou excavations dont l'exécution aurait pour effet d'entraîner la ruine des bâtiments ou plantations du voisin, ou d'y produire des éboulements de terre (2) ;

2° D'envoyer sur le fonds voisin de la poussière ou de la suie en quantité dommageable, ou de lui transmettre de la fumée ou des odeurs fétides dont l'effet serait de rendre une habitation malsaine ou très incommode (3) ;

3° D'exercer dans son immeuble une industrie causant une dépréciation notable à la maison du voisin (4) ;

(1) Comp. Cass., 31 décembre 1878, S. 79, 1, 127. D. 79, 1, 375.

(2) Cass., 11 mai 1853, 17 novembre 1868, S. 69, 1, 61, D. 69, 1, 102 ; Caen, 26 juillet 1876, S. 77, 2, 253.

(3) Caen, 1er décembre 1837, 20 novembre 1851, R. 52, 7 ; Cass., 17 juillet 1845, 8 juin 1857, S. 58, 1, 305, 3 janvier 1887, S. 87, 1, 263, D. 88, 1, 39 ; Demolombe, XII, 658.

(4) C. civ., 1382 ; Tr. Rouen, 7 décembre 1869, S. 72, 2, 76 ; Caen, 11 décembre 1862, S. 63, 2, 163.

4° De laisser pousser des chardons ou autres productions nuisibles dans son champ, et de négliger l'échenillage ou l'enlèvement du gui de ses arbres (1).

107. — Toute personne est généralement libre d'avoir sur son fonds tels animaux que bon lui semble, à la condition de veiller à ce qu'ils ne causent pas préjudice aux propriétés voisines (2), sinon elle est responsable du dommage, notamment : 1° Les lapins d'une garenne (3) ; 2° Ceux d'un bois (4) ; 3° Les abeilles des ruches à miel (5) ; 4° Les volailles et pigeons domestiques (6) ; 5° Les animaux nuisibles, tels que sangliers, loups et renards (7).

108. — Celui qui, faute d'avoir levé les vannes de son moulin lors d'une crue de rivière, a occasionné l'inondation de prairies situées en amont, est responsable du préjudice (8).

(1) C. pén., 471, 8°. L. 21 juin 1898, art. 73 et 76.

(2) C. civ., 524, 1385 ; L. 4 avril 1789, art. 1.

(3) Cass., 21 octobre 1889, S. 91, 1, 63 ; 15 juin 1895, S. 95, 1, 352.

(4) Cass., 12 mai 1897, 4 janvier 1899, S. 99, 1, 231, 23 juillet 1903, S. 03, 1, 464.

(5) Paris, 29 mars 1879, S. 79, 2, 269.

(6) L. 4 avril 1889, art. 4 et 7.

(7) Tr. Rouen, 23 juin 1858 ; Cass., 31 mars 1869, S. 69, 1, 463.

(8) Caen, 12 février 1891, S. 91, 2, 196 ; Daviel, 999.

DEUXIÈME SECTION

LIMITATIONS DANS L'INTÉRÊT PUBLIC

109. — Dans la catégorie des limitations basées sur l'intérêt public rentrent les établissements dangereux ou insalubres, les usines et carrières, etc.

§ 1er

Établissements insalubres

110. — Les manufactures, usines et ateliers insalubres, dangereux ou incommodes ne peuvent être établis par les particuliers sans une permission de l'autorité préfectorale (1).

111. — Ces établissements sont divisés en trois classes dont la nomenclature, insérée dans le décret du 3 mai 1886, a subi depuis un certain nombre de modifications (2).

112. — La première classe comprend les établissements qui doivent être éloignés des habitations particulières. Leur ouverture est

(1) Décr. 15 octobre 1810, 25 mars 1852, art. 2.

(2) Décr. 25 décembre 1901.

précédée d'enquêtes, pendant un mois, dans un rayon de 5 kilomètres (1).

Sont rangés dans la première classe les abattoirs publics, fabriques d'engrais, équarrissages d'animaux, fonderies de suifs, fabriques d'acide sulfurique, rouissages en grand du chanvre et du lin, dépôts de boues et immondices.

113. — La seconde classe se compose des établissements dont l'éloignement des habitations n'est pas rigoureusement nécessaire, mais dont il importe de ne permettre la formation qu'après avoir acquis la certitude que les opérations qu'on y pratique sont exécutées de manière à n'être ni incommodes, ni dangereuses pour les personnes du voisinage. L'ouverture de ces établissements est précédée, dans la commune, d'une enquête dont la durée est de dix jours (2).

Appartiennent à la deuxième classe les fours à chaux, dépôts de cuir verts, corroiries et tanneries, fabriques de briquettes de houille, sécheries de morues, etc.

114. — Dans la troisième classe sont rangés

(1) Décr. 15 octobre 1810, art. 3 à 7 ; Ord. 14 janvier 1815, art. 2; circ. min., 11 mai 1882.

(2) Décr. 15 octobre 1810, art. 7 ; Cons. d'Et., 19 novembre 1886.

ceux qui peuvent rester, sans inconvénient, auprès des habitations, mais qui doivent être soumis à la surveillance de la police. Pour ouvrir ces établissements, une enquête n'est pas nécessaire, il suffit d'obtenir la permission préfectorale, après avis du maire et de la police locale (1).

Cette troisième classe comprend les brasseries, briqueteries, dépôts de chiffons, distilleries, mégisseries, papeteries, savonneries, teintureries, scieries mécaniques, etc.

115. — Le placement à demeure des chaudières à vapeur, nécessite l'observation de précautions et de distances (2).

116. — Les établissements d'éclairage et de chauffage par le gaz, pour l'usage public, sont soumis à un régime spécial (3).

117. — Il peut arriver qu'un établissement autorisé ait de graves inconvénients pour la salubrité publique, la culture ou l'intérêt général; dans ces cas, la suppression doit être

(1) Décr. 15 octobre 1810; art. 8; Ord. 14 janvier 1815, art. 3. Comp. Cons. d'Et. 21 décembre 1894, S. 97, 3, 8, D. 95, 3, 95.

(2) Décr. 30 avril 1880, art. 14 à 18; comp. Cass., 7 mars 1892, S. 92, 1, 271.

(3) Décr. 9 février 1867.

ordonnée par l'autorité administrative (1).

118. — D'ailleurs, l'autorisation de construire des ateliers insalubres n'est jamais accordée que sauf les droits des tiers ; en conséquence, l'autorisation ne fait pas obstacle à ce que les particuliers qui éprouvent un préjudice matériel par suite de l'exploitation, demandent et obtiennent des dommages-intérêts (2), alors même qu'ils ne seraient devenus propriétaires que postérieurement à la fondation de l'établissement (3).

119. — Mais le désagrément causé par un établissement, sujet ou non à autorisation, ne donne pas lieu à une action utile, lorsqu'il n'excède pas les limites nécessaires qu'impose la tolérance réciproque entre voisins (4).

120. — Il en est de même de certaines pro-

(1) Décr. 15 octobre 1810, art. 12 ; Cons. d'État, 13 juin 1860, S. 60, 2, 635, D. 60, 3, 49 ; 17 novembre 1893, S. 95, 3, 90, D. 94, 3, 92.

(2) Décr. 15 octobre 1810, art. 11 ; Cass., 11 juillet 1826, 18 novembre 1884, 3 janvier 1887, 23 octobre 1894, S. 95, 1, 222, D. 95, 1, 499.

(3) Cass., 17 mai 1868, S. 69, 1, 114 ; Rouen, 30 juillet 1853, 8 mars 1855, R. 54, 33 ; 55, 156.

(4) Cass., 27 novembre 1844, S. 44, 1, 811, D. 45, 1, 113 ; Paris, 19 avril 1893, S. 93, 2, 124, D. 93, 2, 431.

fessions bruyantes, désagréables (serruriers, forgerons, ferblantiers, tonneliers, etc.) ; l'autorité n'est pas fondée à les parquer dans certains quartiers, ni à les soumettre à l'observation d'une distance par rapport aux habitations bourgeoises (1) ; elle a seulement le droit de prendre des mesures de précaution dans l'intérêt de la généralité des habitants, notamment en prescrivant : 1° De fermer les portes des ateliers donnant sur la voie publique, pendant les travaux bruyants (2) ; 2° De ne pas travailler la nuit (3).

§ 2e

Mines et Carrières

121. — L'exploitation des mines doit être précédée de l'autorisation du gouvernement qui en a la surveillance (4).

Les puits et galeries des mines ne peuvent être ouverts dans un rayon de 50 mètres des

(1) Cass., 9 janvier 1857, 19 février 1876, S. 76, 1, 336, D. 77, 1, 46.

(2) Cass., 18 février 1876, 24 novembre 1893, S. 94, 1, 200.

(3) Cons. d'Etat, 30 avril 1875, S. 77, 2, 95, D. 75, 3, 100.

(4) L. 21 avril 1810, art. 5 et 47, 27 avril 1838.

habitations et des terrains compris dans les clôtures murées y attenant (1).

122. — Pour ouvrir une carrière à ciel ouvert, il faut faire une déclaration préalable et écrite à la mairie de la commune (2).

Les bords des fouilles sont établis à une distance longitudinale de 10 mètres au moins des bâtiments publics ou privés, des routes ou chemins, des cours d'eau et des abreuvoirs servant à l'usage public.

L'exploitation de la masse est arrêtée à une distance horizontale réglée à 1 mètre pour chaque mètre d'épaisseur des terres de recouvrement s'il s'agit d'une masse solide, ou à 1 mètre par chaque mètre de profondeur totale de la fouille, si cette masse, par sa cohésion, est analogue à ses terres de recouvrement.

L'abord de toute carrière située dans un terrain non clos doit être garanti, sur les points dangereux, par un fossé creusé au pourtour et dont les déblais sont rejetés du côté des travaux, ou par tout autre moyen de clôture offrant des

(1) L. 21 avril 1810, art 11, modifié le 27 juillet 1880.

(2) L. 21 avril 1810, art. 81 nouveau ; comp. Rouen, 20 janv. 1882, R. 82, 98.

conditions suffisantes de sûreté et de solidité (1).

123. — Quant aux carrières souterraines, la déclaration d'ouverture doit être accompagnée d'un plan des lieux (2).

Les excavations ne peuvent être ouvertes ou poursuivies que jusqu'à une distance horizontale de 10 mètres des bâtiments publics ou privés, routes, chemins, cours d'eau et abreuvoirs publics. Cette distance est augmentée de 1 mètre par chaque mètre de hauteur de l'excavation.

L'abord des orifices des puits verticaux ou inclinés, donnant accès dans les carrières souterraines, doit être garanti par l'agglomération des déblais et l'élévation de leur plate-forme, sinon par un fossé ou tout autre moyen de clôture suffisant (3).

124. — En ce qui concerne les ardoisières exploitées à ciel ouvert, le rocher doit être coupé

(1) Décr. type, 8 février 1892, art. 9 et 10; Calvados, 24 juin 1891; Eure, 8 février 1892; Manche et Orne, 10 février 1892; Seine-Inférieure, 26 novembre 1889; Ille-et-Vilaine, 10 février 1892, complété le 22 septembre 1897; Mayenne, 10 février 1892; Sarthe, 12 février 1892; Loir-et-Cher, 2 février 1893; Eure-et-Loir, 8 février 1892; Loiret, 18 février 1892; Seine-et-Oise, 15 juillet 1891; Oise, 10 février 1892; Somme, 12 février 1892.

(2) L. 21 avril 1810, art. 82; Décr. 8 février 1892, art. 6.

(3) Décr. 8 février 1892, art. 12 et 13.

par banquettes disposées en gradins parallèlement à la direction des bancs d'ardoises, et avec un talus suffisant pour prévenir tout éboulement. Les chefs de l'excavation peuvent seuls être taillés verticalement lorsque leur solidité paraît suffisamment assurée (1).

125. — L'exploitation des carrières est surveillée par le maire, et en outre par les ingénieurs des mines (2).

126. — Toute ancienne carrière abandonnée doit être entourée, de même que tout déblai dans un terrain nu, d'un fossé ou d'une clôture pour avertir les passants et éviter les accidents (3).

§ 3e

Restrictions diverses

127. — On ne peut faire au long d'une voie publique quelconque, ni plantations, ni constructions nouvelles, ni travaux confortatifs des constructions existantes, sans avoir préalablement obtenu une permission (4), du maire pour

(1) Décr. Ille-et-Vilaine, 10 février 1892, art. 9 *bis*.

(2) Décr. 8 février 1892, art. 20.

(3) Décr. 8 février 1892, art. 10 ; L. 21 juin 1898, art. 13.

(4) Arret 27 février 1765 ; L. 21 juillet 1791, art. 29 ; L. 21 juin 1898, art. 3.

la petite voirie (1), ou du préfet pour la grande voirie (2).

Toute contravention est jugée par le conseil de préfecture; elle entraîne une amende et même la démolition s'il y a eu empiètement (3).

128. — Dans les villes de 20,000 habitants et au-dessus, il est interdit de construire aucune habitation sans un permis du maire, qu'elle joigne ou non la voie publique (4).

Pour les autres localités, il n'y a d'autorisation à demander que pour bâtir au bord de la voie publique (5).

129. — Lorsqu'un bâtiment donnant sur la voie publique menace ruine, l'administration a le droit de contraindre le propriétaire à le démolir ou à le réparer suivant le besoin (6).

Si le propriétaire ne défère pas aux injonctions

(1) L. 16 septembre 1807, art. 52; Cass., 7 juillet 1864.

(2) L. 14 octobre 1790, art. 1.

(3) C. pén., 471, 5°; L. 23 mars 1842, art. 1; Cons. d'Et., 1er février 1895, S. 97, 3, 29.

(4) L. 15 février 1902, art. 11.

(5) Comp. Cass., 16 décembre 1886, S. 88, 1, 398, D. 87, 1, 286; Cons. d'Et., 2 mars 1900, D. 01, 3, 94, S. 02, 3, 60.

(6) L. 5 avril 1884, art. 97; 21 juin 1898, art. 3.

administratives, il est condamné à démolir et, en outre, à une amende (1).

130. — Celui qui fait des travaux à des bâtiments sur la voie publique, est obligé de prendre les précautions nécessaires pour qu'il n'arrive pas d'accidents aux passants, sinon il en est responsable (2).

131. — Le propriétaire dont l'immeuble a été classé comme monument historique, doit obtenir le consentement du ministère des beaux arts pour réparer, restaurer ou détruire (3).

132. — Nul ne peut sans autorisation élever d'habitation, ni restaurer ou augmenter les habitations existantes, ni creuser de puits à moins de 100 mètres du cimetière placé en dehors de l'agglomération de la commune (4).

Les propriétaires voisins de l'emplacement choisi pour l'établissement d'un nouveau cimetière, ne sont pas admis à réclamer des indem-

(1) C. pén., 471, 5°. — Le propriétaire d'un bâtiment est même responsable envers les tiers du dommage causé par sa ruine (C. civ., 1386 ; Rouen, 19 juillet 1872, S. 72, 2, 149).

(2) Cass., 29 mai 1868, S. 68, 1, 299.

(3) L. 30 mai 1887, art. 4.

(4) Décr. 7 mars 1808, art. 1 et 2.

nités à cause de la dépréciation que ce voisinage peut causer (1).

133. — Aucun propriétaire n'a le droit d'arracher ou défricher ses bois qu'après en avoir fait la déclaration à la sous-préfecture au moins quatre mois d'avance, durant lesquels l'administration est fondée à signifier son opposition au défrichement.

En cas de contravention, le propriétaire est condamné à une amende de 500 à 1,500 fr. par hectare défriché, et a rétablir les lieux en nature de bois (2).

134. — Pour ouvrir un colombier de pigeons voyageurs, une autorisation préfectorale est nécessaire (3).

135. — Le voisinage des ruches d'abeilles présentant des inconvénients pour les personnes et pour les propriétés, les ruches doivent être placées à distance de la voie publique et des habitations, conformément aux arrêtés pris par les préfets ou par les maires (4).

(1) Cass., 8 mai 1876, S. 76, 1, 339.

(2) C. for., 219, 221 ; Décr. 22 novembre 1859 ; comp. Cass., 6 novembre 1885, S. 86, 1, 44.

(3) L. 22 juillet 1896, art. 1.

(4) L. 4 avril 1889, art. 8. L. 21 juin 1898, art. 17.

136. — Autour de toute source, soit d'eau minérale déclarée d'utilité publique, soit captée pour l'utilité publique d'une commune, il existe un rayon de protection dans l'étendue duquel il est défendu de faire des fouilles, ou sondages ou excavations, sans autorisation préalable (1).

137. — L'administration municipale étant chargée du maintien du bon ordre, de la sécurité et de la salubrité publique, a le droit de prescrire ce qui lui paraît utile pour obtenir ce résultat (2).

138. - Le maire peut ordonner : 1° que le ramonage des fours, fourneaux, et cheminées aura lieu au moins chaque année ; 2° que les meules de grains, pailles et fourrages seront placées à une distance déterminée des bâtiments et de la voie publique ; 3° d'entourer d'une clôture suffisante les puits et les excavations présentant un danger ; 4° de conduire à la fourrière les animaux errants (3).

139. — Il rentre dans les attributions du maire : 1° d'ordonner la suppression des fosses

(1) L. 14 juillet 1856, art. 1 à 3 ; L. 15 février 1902, art. 10.

(2) L. 5 avril 1884, art. 97 ; 21 juin 1898, art. 1.

(3) L. 21 juin 1898, art. 8 et 13.

à purin et puisards ; 2° d'interdire les dépôts de vidange et de gadoue ; 3° d'empêcher l'écoulement sur la voie publique des liquides provenant de fumiers et étables ; 4° d'ordonner le curage ou la suppression des mares ou fossés établis dans le voisinage des habitations et qui nuisent à la salubrité publique (1).

140. — Toute construction nouvelle dans une rue pourvue d'égouts, est nécessairement disposée de manière à y conduire ses eaux pluviales et ménagères. La même disposition doit être prise pour toute maison ancienne, en cas de grosses réparations (2),

141. — Dans les agglomérations urbaines, l'autorité municipale a le droit de prescrire aux propriétaires de terrains riverains des voies publiques, l'établissement de clôtures pour en défendre l'accès dans l'intérêt de la sécurité publique (3).

142. — Le maire peut enjoindre à tout propriétaire ou usufruitier, d'exécuter les travaux

(1) L. 21 juin 1898, art. 19, 23.

(2) Décr. 26 mars 1852, art. 6 ; Cass., 16 juin 1888, S. 89, 1, 961 (Ville du Havre) ; 29 juillet 1898, S. 1900, 1, 157.

(3) Cons. d'État, 24 décembre 1886, S. 88, 3, 49.

jugés nécessaires à la salubrité des habitations (1).

143. — Il appartient aux maires, dans leurs communes, et aux préfets de réglementer le rouissage du chanvre et du lin dans les cours d'eau, notamment de déterminer la durée des opérations et les emplacements où elles présentent le moins d'inconvénients (2).

144. — Il est interdit d'élever des constructions, sans l'autorisation du ministre de la marine, dans l'étendue du champ de vue des postes électro-sémaphoriques (3).

145. — L'Etat a le droit de prendre possession des dunes et polders appartenant aux communes et aux particuliers, afin de les fixer et mettre en valeur dans l'intérêt public (4).

146. — Sur l'avis du conseil général, le préfet a le droit d'interdire dans le département

(1) L. 15 février 1902, art. 12 et suiv.

(2) L. 21 juin 1898, art. 25. Sous la coutume il était interdit de faire rouir les lins et chanvres dans les ruisseaux courants (art. 209 ; arrêt parl. 14 décembre 1709).

(3) L. 18 juillet 1895.

(4) Décr. 14 décembre 1810 ; ord. 5 février 1817.

l'emploi du bois pour les constructions et du chaume pour les toitures (1).

147. — Un propriétaire ne peut chasser sur son fonds si la chasse n'est pas ouverte, et s'il ne lui a pas été délivré un permis de chasse par l'autorité compétente. Toutefois, le propriétaire a le droit de chasser ou faire chasser en tout temps, sans permis de chasse, dans ses possessions attenant à une habitation et entourées d'une clôture continue faisant obstacle à toute communication avec les héritages voisins (2).

148. — Dans les cours d'eau non navigables ni flottables, les propriétaires riverains ont, chacun de son côté, le droit de pêcher jusqu'au milieu du cours d'eau, à la charge de se conformer aux réglements sur la matière (3).

(1) L. 21 juin 1898, art. 9.

(2) L. 3 mai 1844, art. 1 et 2. Dans le silence du bail, le preneur ne jouit pas sur les biens affermés, du droit de chasse que le propriétaire conserve la faculté d'exercer lui-même ou de céder à des tiers (Rouen, 22 mars 1861 ; Caen, 6 décembre 1871, S. 72, 2, 198, D. 72, 5, 68 ; Cass., 5 avril 1866, S. 66, 1, 412, D. 66, 1, 411 ; Aubry et Rau, § 365, note 2). Le colon partiaire n'a jamais la chasse. (L. 18 juillet 1889, art. 5) ; au contraire elle appartient à l'emphytéote (L. 25 juin 1902, art. 12.).

(3) L. 15 avril 1829, art. 2, 31 mai 1865, 8 avril 1898 ; Décr. 5 septembre 1897. Le droit de pêche n'est pas compris dans

149. — Les propriétaires d'étangs ou canaux privés qui ne communiquent pas d'ordinaire avec les cours d'eau publics, peuvent y pêcher en tout temps, comme bon leur semble (1).

150. — Nul ne peut s'opposer à l'exécution, sur son terrain, des travaux de triangulation, d'arpentage ou de nivellement faits pour le compte de l'État, des départements ou des communes, ni à l'installation des bornes ou signaux destinés à marquer les points trigonométriques ou autres repères nécessaires à ces travaux, à charge d'indemnité (2).

151. — En vertu d'un arrêté préfectoral, l'administration ou les entrepreneurs ont le droit d'occuper temporairement des terrains nus pour en extraire des matériaux, faire des dépôts ou pour tout autre objet relatif à des travaux publics, civils ou militaires, à charge d'in-

la location de la propriété (Rouen, 13 juin 1844, 7 décembre 1878, S. 79, 2, 84, D. 80, 2, 75). Le colon partiaire n'a pas la pêche (L. 18 juillet 1889, art. 5); au contraire elle appartient a l'emphytéote (L. 5 juin 1902 art. 12.).

(1) L. 15 avril 1829, art. 30 ; Cass. 30 mai 1873, 17 décembre 1880, S. 82, 1, 143, D. 82, 5. 310.

(2) L. 13 avril 1900, art. 19,

demnité réglée par le Conseil de Préfecture (1).

152. — Par l'effet d'un plan général d'alignement, dûment publié, les propriétés bâties se trouvent quant au sol immédiatement réunies à la voie publique et pour les constructions frappées d'une sorte de servitude prohibant tous travaux de consolidation (2).

153. — Non seulement l'intérêt général peut réclamer des restrictions à l'exercice du droit de propriété, mais encore exiger la cession de la propriété même, des terrains nécessaires à l'exécution des travaux publics, tels que chemins de fer, routes, canaux, etc. (3).

Le propriétaire n'est tenu de céder son immeuble que pour une cause d'utilité publique légalement constatée, et moyennant une indemnité réglée à l'amiable ou par un jury, et payable préalablement à la dépossession, sauf en cas d'emprise d'un terrain nu pour simple élargissement d'un chemin vicinal (4).

(1) L. 22 juillet 1889, 29 décembre 1892.

(2) L. 16 septembre 1807 ; Cass. 27 janvier 1837, 20 décembre 1862, S. 63, 1, 167.

(3) C. civ., 545 ; L. 30 mars 1831, 3 mai 1841, 26 mars 1852, 8 juin 1864, 10 août 1871, 8 avril 1898.

(4) L. 3 mai 1841, art. 53 ; L. 21 mai 1836 art. 18.

TROISIÈME SECTION

OBLIGATIONS MUTUELLES DES VOISINS

154. — Ces obligations sont relatives au bornage et à la clôture forcée.

§ 1er

Bornage

155. — Tout propriétaire d'un fonds de terre peut contraindre son voisin à procéder au bornage de leurs héritages contigus (1).

156. — Le bornage est une opération contradictoire ayant pour but : 1° de déterminer d'une manière certaine, les limites de deux propriétés riveraines; 2° et de prévenir les empiètements, au moyen de la plantation de signes de délimitation en pierre ou en bois, appelés bornes, devises, marques, etc.

157. — L'action en bornage est de la compétence du juge de paix lorsque la propriété ou les titres qui l'établissent ne sont pas contes-

(1) C. civ., 646; Cass., 4 mars 1879, 11 décembre 1901, S. 03 1 461; comp. L. 17 mars 1898.

tés sérieusement (1) ; dans le cas contraire, l'action est portée devant le tribunal civil (2).

158. — Le droit de demander le bornage est réciproque entre voisins, pour les propriétés rurales situées à la campagne ou à la ville ; il n'y a d'exception qu'à l'égard des fonds limités par des bâtiments qui se touchent (3).

159. — Quand la ligne séparative est certaine et reconnue, le bornage constitue un acte d'administration rentrant dans les pouvoirs du mari et du tuteur, sans autorisation spéciale (4).

160. — L'usufruitier peut aussi procéder au bornage sans le concours du propriétaire, bien qu'il soit préférable de l'appeler à l'opération pour qu'elle lui reste opposable (5).

A l'égard du fermier, il ne sera jamais admis

(1) L. 25 mai 1838, art. 6, 2°; C. Cass. 3 mai 1897, 7 février 1899, S. 99, 1, 181.

(2) Cass., 25 juin 1879, 4 février 1885, 21 mars 1892, S. 92, 1, 376.

(3) Cass., 4 mars 1879, S. 79, 1, 297; Pardessus, 117; Laurent, VII, 418 ; Curasson, II, 431.

(4) Rouen, 6 novembre 1835, 19 février 1880, S. 84, 1, 319 D. 84, 1, 61 ; Demolombe, IX, 260; Mongis, 43,

(5) Bordeaux, 23 juin 1836, S. 37, 2, 37; Aubry et Rau, § 199, note 16 ; Guilbon, 816 ; Bourguignat, 139.

à faire un abornement sans mandat spécial du propriétaire (1).

161. — Lorsque les propriétaires sont d'accord et maîtres de leurs droits, ils peuvent évidemment faire eux-mêmes à l'amiable le bornage de leurs fonds, ou choisir, à cet effet, des experts dont les pouvoirs sont déterminés par l'acte qui les nomme. Il arrive même assez souvent que les experts sont constitués arbitres et chargés de prononcer sur les difficultés qui se rattachent à l'opération du bornage (2).

162. — Le bornage amiable se constate par un procès-verbal, dressé en double (3), contenant la désignation des héritages, la nature et l'emplacement des bornes ; il est bon de dresser un plan dans le corps du procès-verbal (4).

163. — A défaut par les intéressés de s'entendre, le bornage est fait en justice, soit par des experts que le juge nomme, soit par le juge lui-même.

(1) Demolombe, XI, 258 ; Solon, 59 ; Laurent, VII, 424 ; Huc, IV, 302.

(2) Demolombe, XI, 272 ; Mongis, 47.

(3) C. civ., 1325.

(4) Le procès-verbal de bornage est soumis au droit d'enregistrement de 3 fr. 75.

Pour sa décision, le juge doit interroger les titres, la possession, les anciennes traces de délimitation, le cadastre, les plans, tous les documents enfin que les parties ont pu lui remettre.

164. — Les passages, sentiers et chemins non publics (1) sont compris dans les fonds à aborner : s'ils traversent un héritage, ils lui appartiennent en entier ; s'ils le bordent seulement, on en donne la moitié, sauf titre ou droit contraire.

Quant aux chemins publics, ruraux comme vicinaux, ils ne sont jamais compris dans le mesurage (2).

Les rideaux, tertres, talus, *aris*, font partie des héritages à borner, mais la manière de les attribuer est très variable : 1° ils appartiennent au fonds supérieur ; 2° à l'inférieur ; 3° ils se

(1) Cass., 20 décembre 1899. S. 1900, 1, 360.

(2) Bien que le système métrique existe depuis un siècle, les normands n'ont pas encore oublié leurs anciennes mesures agraires : l'acre, la vergée, la perche. L'acre la plus usitée valait 81 ares 71 centiares ; la vergée formait le quart de l'acre ou 20 ares 43 centiares ; la perche — 160e partie de l'acre — était de 51 centiares. Dans la plaine de Caen, l'unique mesure agraire connue est la perche de 24 pieds ou 60 centiares 78.

partagent par moitié ; 4° le fonds supérieur prend un mètre à partir de la crète du rideau, et le fonds inférieur le surplus (1).

L'attribution par moitié à chaque voisin est ce qu'il y a de plus équitable.

165. — Le bornage peut avoir pour résultat d'opérer des restitutions de la part de l'un des propriétaires au profit de l'autre, lorsque les quantités indiquées dans les titres respectifs ne sont pas conformes à la totalité des terrains soumis au bornage (2).

166.—Il est quelquefois nécessaire d'étendre les opérations de bornage jusqu'aux arrière-voisins, qui sont mis en cause, soit d'office par le juge, soit sur la demande de l'une des parties (3).

167. — Après constatations des limites, elles sont déterminées par des pierres ou bornes de même grain, enfoncées dans le sol, et assistées de garants ou témoins qui sont des morceaux

(1) Comp. Pardessus, 122; Vaudoré, 31 ; Guilbon, 850.

(2) Cass., 2 mai 1866, S, 68, 1, 89.

(3) Cass., 20 juin 1855, 9 novembre 1857, S. 58, 1, 229, D. 58, 1, 31 ; 7 mars 1900, S. 02, 1, 351; Laurent, VII, 425.

de brique, verre, charbon, coquillage ou autre substance.

Un plan et un procès-verbal précisant la distance entre chaque borne, rendent le déplacement facile à reconnaître.

168. — Le bornage a lieu aux frais communs des divers propriétaires (1); mais, les frais devraient être repartis proportionnellement s'il y avait de grandes différences dans la contenance respective des fonds (2).

Quant aux frais des procès qui peuvent s'élever à l'occasion du bornage, ils sont supportés par la partie qui succombe (3).

Notamment les frais de l'instance judiciaire en bornage restent à la charge de celui qui a refusé de faire l'opération à l'amiable (4).

169. — Une fois accompli, soit d'un commun accord, soit en vertu d'une décision judiciaire, le bornage devient un titre réciproque entre les parties, des limites assignées à chacun (5).

(1) C. civ., 646, Pardessus, 129.

(2) Demolombe, XI, 276; Guilbon, 856; Jay, 249.

(3) C. pr. 130; Laurent VII, 435; Morin, 169.

(4) Demolombe XI, 277; Huc, IV, 307.

(5) Cass., 5 mars 1855, S. 55, 1, 731; Huc, IV, 308.

170.— Si les bornes plantées venaient à disparaître, ou à être déplacées, chacun des intéressés pourrait demander qu'il en fut placé de nouvelles, d'après les bases et suivant les indications du procès-verbal de bornage (1).

Le déplacement de bornes constitue un délit puni d'un emprisonnement d'un mois à un an ; la peine peut s'élever à cinq ans contre tout individu qui, pour commettre un vol, a enlevé ou tenté d'enlever des bornes (2).

171. — Le bornage entre les forêts de l'Etat et les propriétés riveraines, est soumis à des règles spéciales résultant de l'ordonnance du 1er août 1827.

Les choses du domaine public sont délimitées par l'autorité administrative seule.

§ 2e

Clôture forcée

172. — Trois cas de clôture obligatoire sont prévus par la loi ; entre voisins dans les villes et faubourgs ; pour les chemins de fer, et pour les cimetières.

(1) Cass., 11 août 1851, S. 52, 1, 645.

(2) C. pén., 389, 456.

I. *Villes et Faubourgs*

1° RÈGLES LÉGALES

173. — Dans les villes et faubourgs, chacun peut contraindre son voisin à contribuer aux constructions et réparations de la clôture faisant séparation de leurs maisons, cours et jardins contigus (1).

174. — A défaut de règlements particuliers ou d'usages constants et reconnus, tout mur (2) séparatif entre voisins, doit avoir au moins 32 décimètres (10 pieds) de hauteur, compris le chaperon, dans les villes de 50,000 habitants et au-dessus, et 26 décimètres (8 pieds) dans les autres (3).

175. — En l'absence d'acte administratif rangeant une commune parmi les villes, il appartient aux tribunaux de résoudre la difficulté d'après les circonstances locales, comme aussi

(1) C. civ. 663 ; Cass. 1er juillet 1857, S. 58, 1, 110, D. 57, 1, 400.

(2) Un mur est composé de trois parties : fondation, pied ou patin ; corps du mur ; chaperon ou couverture.

(3) C. civ., 663.

de déterminer jusqu'où s'étend un faubourg (1).

On peut considérer comme villes les communes ayant une agglomération de 2,000 habitants (2), et celles pourvues d'un octroi ou d'un plan d'alignement (3).

176. — Quelques maisons isolées et sans continuité ne font pas partie des faubourgs, encore qu'elles se trouvent dans les limites de l'octroi (4), ni à plus forte raison des jardins faisant partie d'un groupe isolé d'autres jardins (5), et ne contenant pas de constructions durables destinées à l'habitation humaine (6).

177. — Les voisins peuvent-ils convenir : de faire un mur séparatif d'une hauteur autre que

(1) Cass., 11 août 1886, S. 87, 1, 168 ; Aubry et Rau, § 200, notes 3 et 4; Demolombe, XI, 380; comp. Nancy, 12 novembre 1892, S. 93, 2, 119; — *Contrà,* Pardessus, 147; Duranton, V, 319, disant que l'autorité administrative doit statuer.

(2) Cir. min. 17 août 1813, 25 octobre 1827; comp. Laurent VII, 497.

(3) Neufchâtel, 26 décembre 1883 (ville d'Aumale) ; Tr. Rouen, 27 mars 1884 (ville de Sotteville), R. 84, 207, 210.

(4) Tr. Caen, 10 juin 1847, R. 47, 342; comp. Demolombe XI, 380 bis.

(5) Caen, 9 juin 1869, R. 70, 43 ; comp. Epernay, 26 novembre 1868, D. 70, 3, 40.

(6) Rouen, 15 février 1890, R. 90, 50 ; comp. Cons. d'Etat, 16 février 1894, S. 96, 3, 27.

celle prescrite par la loi, de faire une clôture en planches, de ne faire aucune clôture ? On dit d'une part que la règle légale est établie uniquement dans l'intérêt privé du voisinage, de sorte que les voisins sont libres de faire telle convention qu'ils jugent à propos (1) ; d'autre part, on répond que la loi a voulu pourvoir à la sécurité des personnes comme des propriétés et que, par suite, tout arrangement ayant pour but d'y déroger est frappé de nullité absolue (2). C'est là, croyons-nous, la vraie solution.

178. — Le propriétaire sommé par son voisin de contribuer à la construction d'un mur de clôture, peut s'affranchir de cette obligation en abandonnant la moitié du terrain sur lequel ce mur doit être assis ; de même, le voisin, mis en demeure de réparer le mur de clôture forcée, a le droit d'abandonner la mitoyenneté du mur et du sol pour se dispenser de contribuer aux

(1) Caen, 20 juillet 1821, D. Serv. 561 ; Rouen, 24 février 1844, J. P. 44, 2, 250; Aubry et Rau, § 200, note 5; Toullier, III, 162.

(2) Caen, 11 juin 1859, R. 59, 193; Solon, 210 ; Demolombe, XI, 378; Laurent, VII, 498; Baudry-Lacantinerie, I, 1499; Huc, IV, 348.

dépenses (1). Mais une autre opinion, qui nous paraît préférable, décide que chacun des voisins est tenu, lorsque l'autre le demande, de construire un mur de clôture ou de réparer le mur existant, et qu'il ne peut s'en dispenser par un abandon de sol ou de mitoyenneté (2).

179. — Celui qui a construit un mur de clôture sur son terrain et à ses frais, ne serait pas fondé à réclamer du voisin le remboursement de la moitié de sa valeur et du sol (3).

180. — Pour la nature des matériaux employés à la construction du mur, il y aura, la plupart du temps, pierre, chaux et sable ; lorsque la pierre fera défaut, elle sera remplacée par

(1) C. civ, 656 ; Cass., 3 décembre 1862, S. 63, 1, 33, D. 62, 1, 505, 7 novembre 1864, 7 janvier 1874, 26 juillet 1882, S. 84, 1, 79 ; Bordeaux, 3 mars 1873 ; Orléans, 24 mai 1873, S. 74, 2, 171, D. 73, 2, 185 ; comp. Huc, IV, 330.

(2) C. civ., 663 ; Caen, 7 février 1825, 11 juin 1859, R. 59, 193 ; Besançon, 2 juillet 1860 ; Rennes, 16 décembre 1829 ; Amiens, 11 décembre 1861, S. 62, 2, 231 ; Paris, 31 mai 1888 ; Pardessus, 149 ; Duranton, V, 319 ; Demante, II, 517 *bis* ; Taulier, II, 394 ; Demolombe, XI, 379 ; Baudry-Lacantinerie, I, 1499.

(3) Cass., 26 juillet 1882, S. 84, 1, 79 ; Paris, 15 juillet 1864 ; Aubry et Rau, § 200, note 7 ; Laurent, VII, 307 ; — *Contrà*, Pardessus, 152 ; Demolombe, XI, 386.

de la terre battue ou pisé. La pierre de taille et la brique sont des matières de qualité supérieure dont l'emploi n'est jamais imposable pour un simple mur de clôture. Quant à l'épaisseur, elle varie de 25 à 50 centimètres selon la qualité des matériaux (1).

181. — Il est certain d'ailleurs qu'un mur en pierres sèches, ni à plus forte raison une haie ou une palissade, ne rempliraient pas le vœu du législateur (2).

182. — En cas de différence de niveau entre les deux héritages, la hauteur légale se mesure à partir du sol le plus élevé ; les frais du mur entier seront communs (3) ; toutefois ceux de la partie inférieure resteraient à la charge du voisin qui par des travaux sur son fonds aurait rendu nécessaire la construction d'un mur de soutènement (4).

(1) Cass., 3 août 1836, S. 36, 1, 744.

(2) Cass.. 1er février 1860, S. 60, 1, 973, D. 60, 1, 125 ; Amiens, 15 août 1838, S. 39, 2, 157 ; Pardessus, 149 ; Demolombe, XI, 381 ; Aubry et Rau, § 200, note 8 ; Laurent, VII, 500.

(3) Caen, 13 mai 1837, R. 37, 360, S. 37, 2, 333 ; Bordeaux, 3 mars 1873, S. 73, 2, 203, D. 73, 5, 423 ; Demolombe, XI, 384.

(4) Pardessus, 150 ; Aubry et Rau, § 200, note 11 ; Demolombe, XI, 384 *bis* ; comp. Ravon, p. 412 ; Masselin, 232.

2° *Coutumes*

183. — La hauteur du mur de clôture forcée portée par le Code à 3m20 ou 10 pieds, compris chaperon, dans les villes au-dessus de 50.000 habitants et à 2m60 ou 8 pieds dans les autres, est généralement suivie en Normandie.

184. — A Paris, on se conforme purement et simplement, pour la hauteur des murs, aux prescriptions du Code (1).

185. — A Amiens, la hauteur est fixée à 2m30 au moins, en sus des fondations (2).

186. — Dans l'Orléanais, le mur de pierre et terre doit avoir 50 centimètres d'épaisseur, 66 centimètres de fondement et 2m33 au-dessus du sol (3).

187. — En Bretagne, on suit dans quelques contrées l'ancien usement de Nantes (art. 6) fixant la hauteur du mur à 2m33 au-dessus du sol; partout ailleurs, les règles du Code sont observées (4).

(1) Cout. 209.

(2) Cout. 25.

(3) Cout. 236.

(4) Usages d'Ille-et-Vilaine, art. 4.

II. *Voies ferrées*

188. — Les chemins de fer doivent être clos des deux côtés, sur toute l'étendue de la voie (1), par une clôture simplement délimitative, et non dans l'intérêt des riverains, comme obstacle à la force des animaux ; en conséquence, une Compagnie de chemin de fer ne saurait être déclarée responsable de la mort des personnes ou des animaux qui se sont introduits par une brèche sur la voie (2).

Toutefois, la clôture dans l'intérêt des voisins deviendrait obligatoire pour la Compagnie, surtout dans les pays d'herbages, si elle avait été prévue et promise au moment de l'expropriation, par un traité amiable ou devant le jury (3).

189. — D'ailleurs, le ministre des travaux publics peut, sur tout ou partie des chemins de fer d'intérêt général ou d'intérêt local, dispenser

(1) L. 15 juillet 1845, art. 4; comp. Cons. d'État, 9 mars 1894, S. 96, 3, 38.

(2) Cons. d'État, 18 août 1869, S. 70, 2, 303; Cass., 29 août 1882, S. 83, 1, 129; 18 février 1903, S. 03, 1, 190; Tr. Rouen, 28 juin 1878 ; Tr. Caen, 26 mai 1886, 23 février 1887, 8 août 1887, R. 88, 45, 7 décembre 1896, R. 97, 38.

(3) Cons. d'Et., 19 décembre 1890; Caen, 26 mai 1886, 8 août 1887, précités.

de poser des clôtures le long des voies ferrées, et des barrières à la traverse des routes de terre (1), mais cette dispense est accordée aux risques et périls de la Compagnie, et ne saurait avoir pour effet de l'affranchir des précautions à prendre dans le but de prévenir toute conséquence fâcheuse (2).

III. *Cimetières*

190. — Les communes sont obligées de clore leurs cimetières par des murs ayant au moins 2 mètres d'élévation (3).

(1) L. 27 décembre 1880, art. 1.

(2) Cass., 11 novembre 1891, S. 92, 1, 91.

(3) Décr. 23 prairial an XII, art. 3; Comp. Cons. d'Et., 6 juillet 1900, S. 03, 3, 3.

CHAPITRE DEUXIÈME

COPROPRIÉTÉ

191. — La copropriété est la possession indivise de plusieurs personnes sur une seule et même chose qui n'appartient ainsi à chacune d'elles que pour une quote-part.

Quand la copropriété porte sur des choses affectées comme accessoires à l'usage de plusieurs héritages, telles que allées, cours, puits, abreuvoirs, elle prend le nom de communauté.

Si la copropriété s'applique aux murs, haies et fossés servant de séparation entre deux héritages, on la désigne plus spécialement sous le nom de mitoyenneté.

192. — L'un des communistes ne peut acquérir par prescription le droit de son communiste et la propriété de la chose commune, que par une possession exclusive des plus caractérisées pendant tout le temps, 30 ans, exigé par la loi (1).

(1) Cass., 25 avril 1855, 3 avril 1895, S. 95, 1, 456 ; Caen, 26 juin 1869, 16 juin 1881, R. 82, 35.

D'un autre côté, celui qui néglige de contribuer aux réparations de la chose commune, n'abandonne pas pour cela seul son droit de copropriété; il faut une renonciation expresse.

PREMIÈRE SECTION

COMMUNAUTÉ

193. — La copropriété des cours, allées, ruelles, passages, fosses d'aisances, puits, destinés au service de plusieurs maisons particulières, leur imprime un caractère d'indivision forcée qui s'oppose à ce qu'on puisse en provoquer le partage (1).

Il en est de même pour les avenues, sentiers, abreuvoirs, pressoirs, affectés à l'exploitation de divers fonds (2).

194. — Le droit qui compète à chacun des communistes s'exerce non à titre de servitude, mais à titre de copropriété (3).

(1) Cass., 10 janvier 1842, S. 42, 1, 311, 17 mai 1887, S. 90, 1, 315, D. 88, 1, 60 ; Comp. Caen, 13 août 1856, S. 57, 2, 140.

(2) Cass., 20 février 1856, S. 66, 1, 193 ; Rennes, 14 août 1867, D. 68, 5, 308.

(3) Caen, 23 août 1843, R. 43, 453 ; Demolombe, XI, 445 ; comp. Cass.. 23 janvier 1900, S. 1900, 1, 215.

Chacun d'eux peut donc user de la totalité de la chose commune et de ses diverses parties comme d'une chose à lui appartenant, sous la condition toutefois de ne porter aucune atteinte au droit égal et réciproque de ses consorts (1).

195. — La destination précise de la chose commune se détermine par la convention ; à défaut de convention par sa nature même et par l'usage auquel elle a été, de fait, affectée (2), et pour les besoins des héritages dans l'intérêt desquels elle est restée indivise (3).

D'ailleurs, un copropriétaire est incapable de grever le fonds commun d'une servitude au profit d'un autre fonds dont il est propriétaire exclusif (4).

196. — A défaut de convention contraire, chacun des co-propriétaires doit supporter dans la proportion de son intérêt, les charges de la

(1) Cass., 31 mars 1851 ; 27 juin 1893, S. 96, 1, 86 ; Caen, 24 décembre 1842, S. 51, 1, 104 ; Rouen, 28 décembre 1878, R. 79, 247 ; Aubry et Rau, § 221 *ter*, note 9.

(2) Comp. C. civ., 1859 ; Caen, 1er août 1879, R. 79, 236, S. 80, 2, 13 ; Demolombe, XI, 445.

(3) Bourges, 13 novembre 1838, S. 39, 2, 84 ; Aubry et Rau, § 221 *ter*.

(4) Caen, 24 novembre 1854, 2 mars 1857, R. 57, 65.

chose commune (1). Sauf à s'affranchir de cette obligation par l'abandon de son droit de copropriété (2).

§ 1er

Cour

197. — L'indivision d'une cour commune n'est forcée qu'autant que le partage qui en serait fait ne laisserait pas à chacune des maisons au service desquelles elle est affectée, une cour séparée suffisante pour son usage (3).

198. — Le copropriétaire d'une cour commune a le droit : 1° d'exhausser comme bon lui semble ses bâtiments donnant sur cette cour et d'y pratiquer toute espèce de portes ou de fenêtres, sans avoir à observer aucune distance (4) ; 2° d'établir un débit de boissons dans

(1) Arg. C. civ., 664 ; Cass., 2 février 1825 ; Lyon, 5 février 1834, S. 34, 2, 224 ; Caen, 4 novembre 1888, S. 92, 2, 195 ; Demolombe, XI, 448 ; Aubry et Rau, § 221 *ter*, note 18.

(2) Arg. C. civ., 656 ; Demolombe, XI, 449 ; Pardessus, 192.

(3) Cass., 21 octobre 1889, S. 90, 1, 203, D. 91, 5, 435 ; Demolombe, XI, 444 ; Pardessus, 191 ; Duranton, V, 149 ; Aubry et Rau, § 221 *ter*, note 4.

(4) Cass., 10 novembre 1845, S. 46, 1, 487, D. 46, 1, 139 ; Caen, 27 janvier 1859, 3 juin 1859, R. 59, 282 ; Rouen, 11 avril 1863, R. 63, 329.

les bâtiments qui s'accèdent par cette cour (1); 3° de déverser dans la cour commune les eaux pluviales de ses bâtiments, et même les eaux ménagères, en tant que la distribution des lieux le permet (2), et que les dispositions usitées en pareil cas ont été prises pour empêcher la stagnation des eaux (3).

199. — Tous les copropriétaires de la cour commune peuvent : 1° placer de chaque côté de la porte d'entrée des plaques-enseignes, indiquant leur profession (4); 2° faire des dépôts momentanés de marchandises, ustensiles ou provisions dans la cour (5).

200. — D'un autre côté, le copropriétaire de cour ne serait pas en droit : 1° D'y établir un dépôt permanent de matériaux, de fumiers, etc. (6); 2° De déposer des terres ou des fleurs, ni placer des bâtons pour étendre du linge, ni

(1) Caen, 29 juin 1854, R. 54, 20.

(2) Caen, 23 avril 1847, S. 48, 2, 380.

(3) Caen, 15 novembre 1872, R. 73, 65; comp. Cass., 14 juin 1895.

(4) Caen, 19 avril 1886, S. 87, 2, 221; comp. Rouen, 14 janvier 1843, S. 43, 2, 519.

(5) Caen, 8 novembre 1840, R. 40, 500.

(6) Caen, 24 novembre 1856, S. 57, 2, 304; Aubry et Rau, § 221 *ter*.

établir un tuyau de cheminée (1) ; 3° De placer un baquet pour recevoir les eaux, surtout d'une dalle située sur sa propriété personnelle (2) ; 4° de stationner abusivement dans cette cour (3).

201. — Il est permis aux divers propriétaires de demander que la cour donnant sur une voie publique soit fermée pendant la nuit, et une clef de la porte remise à chacun des intéressés (4).

§ 2°

Cabinets d'aisances

202. — Dans les cours, il existe souvent des cabinets d'aisances qui sont communs entre plusieurs propriétaires et doivent être entretenus comme tels (5).

203. — Chacun des communistes a la faculté d'abandonner son droit à la fosse commune, en

(1) Caen, 29 décembre 1854, R. 55, 73.

(2) Caen, 23 avril 1847, R. 47, 351, S. 48, 2, 379, D. 49, 5, 362.

(3) Cass., 8 janvier 1901, S. 02, 1, 285.

(4) Cout. Norm., 621 ; Caen, 12 juin 1876, R. 76, 159, 12 juillet 1884, R. 85, 14. — D'après un arrêt du Parlement du 21 mars 1738, la porte de la cour ou allée commune doit être fermée à 9 heures du soir en hiver et à 10 heures en été.

(5) Le curement des fosses d'aisances n'est pas à la charge du locataire (C. civ., 1756).

bon état ; il ne saurait le faire quand la fosse a besoin de réparations ou de curage, qu'après avoir contribué à la dépense devenue nécessaire (1).

204. — Le copropriétaire d'une fosse d'aisance ordinaire peut la transformer en lieux à l'anglaise, avec cuvette et réservoir d'eau, mais à la charge par lui d'indemniser ses copropriétaires de l'augmentation de frais que cause la nécessité plus fréquente de la vidange (2).

§ 3e

Ruelle ou Allée

205. — La copropriété d'une ruelle séparant deux héritages, donne à chacun des communistes la faculté de pratiquer des vues droites dans les bâtiments longeant cette ruelle, lorsqu'elle n'a pas reçu une destination spéciale et restreinte qui s'oppose à l'établissement de pareilles ouvertures, et à supposer d'ailleurs qu'elle ait au moins deux mètres de large (3).

(1) Comp. Caen, 29 décembre 1836, R. 37, 111 ; Pothier, 228 ; Daviel, 874.

(2) Caen, 21 novembre 1860, R. 60, 331.

(3) Cass., 31 mars 1851, S. 51, 1, 401 ; Caen, 24 août 1852, S. 53, 2, 78, 18 mai 1858, R. 58, 323 ; Aubry et Rau, § 221 *ter*, note 14. — *Contrà*, Pardessus, 204.

Si la ruelle n'avait pas deux mètres de largeur, les communistes ne pourraient ouvrir des voies droites dans les bâtiments qui la bordent, qu'autant qu'il ressortirait des circonstances, et notamment de l'existence d'anciennes fenêtres, que les ouvertures rentrent dans la destination à laquelle la ruelle a été affectée (1).

206. — C'est également par l'usage auquel la ruelle a servi que se résout la question de savoir si les communistes sont ou non autorisés à y déverser leurs eaux pluviales ou ménagères (2), ou à établir des canaux souterrains pour transmettre ces eaux sur la voie publique (3).

207. — La ruelle-commune doit rester à air libre, de sorte que l'un des communistes ne pourrait, sans le consentement des autres, la couvrir de constructions dans la partie dont il posséderait les deux côtés (4).

(1) Agen, 21 juin 1867, S. 68, 2, 180; Aubry et Rau, § 221 *ter*, note 15 ; comp. Demolombe, XII, 563 ; Cass., 4 février 1889, S. 91, 1, 161.

(2) Bordeaux, 20 juillet 1858, S. 59, 2, 350; Aubry et Rau, § 221 *ter*, note 16.

(3) Caen, 26 février 1862, R. 62, 70.

(4) Caen, 19 mai 1841, R. 41, 254.

§ 4e

Chemins et Sentiers

208. — Les chemins et sentiers servant uniquement à la communication entre divers héritages ou à leur exploitation (1) portent des noms différant suivant les contrées : en Provence, chemins voisinaux ou de quartier ; en Normandie, sentes pour le voisiné (2) ; dans d'autres provinces, chemins de culture ou de desserte.

209. — En l'absence de titres, ces chemins et sentiers sont présumés appartenir aux propriétaires riverains, chacun en droit soi, mais l'usage en est commun à tous les intéressés, au nombre desquels il faut placer le propriétaire du fonds auquel aboutit et finit le chemin (3) ; d'ailleurs, cet usage peut être interdit au public (4).

La prescription de copropriété ne peut céder que devant une preuve contraire suffisante pour la faire tomber (5).

(1) L. 20 août 1881, art. 34; comp. Caen, 16 mars 1833, 28 novembre 1846, R. 46, 32.

(2) Cout. norm., 83.

(3) Rouen, 7 mars 1890 et Cass., 14 avril 1891, S. 91, 1, 242.

(4) L. 20 août 1881, art. 34.

(5) Cass., 7 décembre 1892, 16 janvier 1895, S. 95, 1, 224.

210. — En Normandie, le droit d'user d'une sente de voisiné a toujours été considéré comme étant une copropriété entre les voisins (1).

211. — Tous les propriétaires dont les chemins et sentiers d'exploitation desservent les héritages, sont tenus, les uns envers les autres, de contribuer, dans la proportion de leur intérêt (2), aux travaux nécessaires à leur entretien et à leur viabilité, mais ils ont la faculté de s'en affranchir en renonçant à leurs droits, soit d'usage, soit de propriété (3).

212. — On ne peut supprimer les chemins et sentiers d'exploitation que du consentement de tous les propriétaires qui ont le droit de s'en servir (4).

213. — Les copropriétaires d'un chemin d'exploitation ont le droit de construire en bordure du chemin, avec ouvertures de portes et fenêtres d'aspect, pourvu que la voie ait une largeur de 19 décimètres (5).

(1) Caen, 14 février 1855 ; Rouen, 7 février 1861, R. 61, 186.

(2) Comp. Cass., 10 juin 1890, S. 91, 1, 253 ; Caen, 25 août 1883, R. 84, 63.

(3) L. 20 août 1881, art. 34 et 37.

(4) Même loi, art. 35.

(5) Cass., 25 juin 1895, S. 95, 1, 345 ; 28 octobre 1901, S. 03, 1, 82.

3*

214. — Pour assurer un meilleur entretien du chemin, les intéressés peuvent se réunir en association syndicale (1).

§ 5e

Maison

215. — Nous avons dans plusieurs villes normandes des maisons dont les divers étages appartiennent à des personnes différentes (2), tandis que certaines parties, comme les gros murs et le toit restent communs, ainsi que les accessoires tels que porte d'entrée, cour, fosse d'aisance, puits, etc. (3).

216. — Avant tout, pour déterminer les droits et les obligations des propriétaires, il faut consulter les titres qui font la loi commune (4).

En l'absence de titres concernant la propriété du sol de la maison, il est réputé commun (5).

(1) L. 22 décembre 1888.

(2) Basnage, II, 500; Flaust, II, 889. — Des maisons dans les mêmes conditions sont nombreuses à Rennes, Grenoble, etc.

(3) Cass., 8 décembre 1824; Aubry et Rau, § 221 *ter*, note 23.

(4) Cass., 9 mai 1819.

(5) Cass., 22 août 1860, S. 61, 1, 81, D. 60, 1, 452; 31 juillet 1872, S. 72, 1, 334, D. 72, 1, 405.

217. — Si les titres de propriété ne règlent pas le mode de réparations et reconstructions, elles doivent être faites ainsi qu'il suit : les gros murs et le toit (1) sont à la charge de tous ; le propriétaire de chaque étage fait le plancher sur lequel il marche ; le propriétaire du premier étage fait l'escalier qui y conduit ; le propriétaire du second étage fait, à partir du premier, l'escalier qui conduit chez lui, et ainsi de suite (2).

218. — Les charges communes aux divers propriétaires comprennent l'impôt foncier et celui de la porte d'entrée servant à l'usage de tous (3).

219. — Chacun des propriétaires contribue aux charges communes dans la proportion de la valeur de l'étage lui appartenant (4).

220. — Il faut ranger parmi les charges particulières l'impôt des fenêtres se trouvant à chaque étage (5).

(1) Comp. Grenoble, 26 janvier 1892, S. 92, 2, 196, D. 93, 2, 227.

(2) C. civ., 664.

(3) Pardessus, 193 ; Duranton, V, 346 ; Aubry et Rau, § 221 *ter*, note 25.

(4) C. civ., 664 ; Demolombe, XI, 429 ; Toullier, II, 223.

(5) Aubry et Rau, § 221 *ter*, note 28 ; Demolombe XI, 430.

221. — Dans son étage et sur les parties en dépendant, chaque propriétaire est libre de faire tous les changements qu'il juge convenable, pourvu qu'ils ne nuisent pas à la solidité de la maison et ne causent aucun tort aux autres propriétaires (1).

222.— En principe, le propriétaire de l'étage le plus élevé ne saurait être autorisé à l'exhausser (2) ; toutefois un exhaussement a été permis après expertise constatant qu'il n'en résulterait aucun dommage (3) ; cela nous semble contraire à l'équité, car la surcharge est toujours nuisible.

223. — Le propriétaire du rez-de-chaussée ne pourrait y établir une chaudière à vapeur (4) ; on lui reconnaît le droit de transformer une cave ou un magasin en écurie, sans fumière (5).

224. — Si la maison est détruite, n'importe

(1) Cass., 15 février 1843. S. 43, 1, 351 ; Caen, 31 mai 1877, 25 février 1885, R. 85, 119 ; Demolombe, XI, 436.

(2) Bordeaux, 17 mars 1868, S. 68, 2, 216 ; Grenoble, 10 novembre 1862, S. 63, 2, 207 ; Demolombe, XI, 437 ; Laurent VII, 492.

(3) Rouen, 22 mai 1840, S. 40, 2, 517 ; Toulouse, 24 février 1889, S. 92, 2, 259 ; Aubry et Rau, § 221 *ter*, note 31.

(4) Caen, 25 novembre 1848, 19 février 1849, R, 49, 63.

(5) Caen, 16 février 1854, R. 54, 90.

pour quelle cause, les propriétaires des différents étages ne peuvent être tenus de reconstruire ; à défaut d'entente, la seule solution est la vente par licitation du sol et des matériaux (1).

225. — En cas de modification d'alignement, si la maison est sujette à recul, l'indemnité se partagera entre les divers propriétaires, proportionnellement à la valeur des étages de chacun (2) ; lorsque l'alignement délaisse une portion de la voie publique, le droit de préemption appartiendra aux propriétaires des différents étages, encore que le sol de la rue soit exhaussé (3).

226 — Sous la coutume de Normandie chacun devait réparer ce qui était au-dessus de lui, de sorte que le toît se trouvait à la charge du propriétaire de l'étage le plus élevé (4). Par suite, pour une maison partagée avant le Code, le propriétaire du grenier peut s'affranchir de

(1) Demolombe, XI, 440 ; Aubry et Rau, § 221 *ter* ; comp. Caen, 16 novembre 1838, R. 38, 637.

(2) Nîmes, 4 février 1840, S. 40, 2, 505 ; Aubry et Rau, § 221 *ter*, note 33.

(3) Cass., 22 août 1860, S. 61, 1, 81, D. 60, 1, 442 ; Caen, 23 novembre 1848, R. 48, 293.

(4) Basnage, II, 500 ; comp. Poitiers, 26 juillet 1886, S. 87, 2, 187.

l'obligation de faire et d'entretenir la couverture en abandonnant la propriété du grenier : toutefois, cet abandon ne produit effet que pour l'avenir et le propriétaire doit avant tout mettre la couverture en bon état (1).

§ 6e

Pressoir

227. — Lorsque, dans un acte de partage, un pressoir a été laissé dans l'indivision et son usage déclaré commun entre les copartageants, il y a lieu de rechercher, d'après le titre, quelle est l'étendue de la mitoyenneté et les conditions d'exercice du droit de chacun des intéressés.

228. — Si le mot pressoir est employé sans autre explication, la copropriété comprend aussi bien le bâtiment que les ustensiles (2) et alors toutes les réparations sont communes.

Au contraire, quand il est dit que le pressoir sera mitoyen *au temps des pilaisons* ou *pour cidrer seulement*, la mitoyenneté s'applique uniquement aux ustensiles du pressoir et non au

(1) Caen, 20 décembre 1836, R. 37, 111.

(2) Caen, 19 avril 1882, R. 82, 123.

bâtiment ; en conséquence, le bâtiment est entretenu par le seul propriétaire, et le mécanisme du pressoir par les divers communistes (1).

229. — Dans le cas où la communauté se trouve limitée au pressoir, le droit de libre accès doit être restreint à la période pendant laquelle on fabrique du cidre (2).

230. — Généralement la *cidraison* commence le 15 septembre (3) et peut se continuer jusqu'au 15 février.

Il est fait un roulement de trois à sept jours pour chaque ayant droit ; la durée de jouissance se calcule par 24 heures, commençant ordinairement à 6 ou 7 heures du matin pour la remise de la clef (4).

231. — Celui qui a la copropriété d'un pressoir est fondé à pressurer les fruits provenant non seulement du fonds partagé, mais encore tous autres qu'il juge convenable (5).

(1) Caen, 16 avril 1839, 6 janvier 1841, 13 novembre 1841, R. 41, 393 ; comp. Caen, 4 novembre 1891, S. 92, 2, 195.

(2) Cass., 9 janvier 1888, S. 88, 1, 112.

(3) Coutances, 28 décembre 1837.

(4) Caen, 13 novembre 1841, R. 41, 393 ; Rouen, 26 août 1859, R. 60, 86.

(5) Bérault, sur art. 353 cout. ; Caen, 16 avril 1839, 6 janvier 1841, R. 41, 70 ; 20 février 1888, S. 92, 2, 194.

232. — La copropriété peut être cédée à un tiers, en tout ou en partie, même sans vente de fonds venant de la cohérie (1), ou encore exercée par un fermier (2) ; mais elle ne saurait être réclamée par un acquéreur de fonds provenant de la cohérie, à défaut de cession formelle (3).

233. — On ne perd la copropriété d'un pressoir que par une possession exclusive pendant 30 ans au profit de l'un des communistes, et c'est à celui qui, invoquant cette possession exclusive prétend prescrire, à en rapporter la preuve (4).

§ 7e

Puits

234. — Tout puits doit être entouré d'une margelle ou mardelle en maçonnerie, de 66 à 80 centimètres au-dessus du sol, et couvert pour éviter les accidents (5).

235. — Le puits coupé en deux par la ligne

(1) Caen, 13 novembre 1841, R. 41, 393.
(2) Caen, 2 décembre 1864, R. 64, 332.
(3) Caen, 25 février 1841, R. 41, 114.
(4) Caen, 26 juin 1869, R. 69, 212.
(5) Comp. L. 21 juin 1898, art. 13.

séparative de deux héritages, ne saurait être l'objet d'une utilisation exclusive ; il est propriété commune, et l'un des copropriétaires n'a pas le droit de modifier l'état du puits ni d'en diviser l'orifice (1).

236. — Lorsque en partageant un corps de bâtiment, un puits a été laissé indivis pour servir en commun aux copartageants, l'usage de ce puits est restreint aux immeubles qui ont fait l'objet du partage ; il ne doit pas être étendu à ceux que les indivisaires acquièrent par la suite (2).

237. — Chacun des ayants droit au puits est tenu d'en user civilement et autant que possible pendant le jour, de manière que les copropriétaires n'en soient pas trop incommodés (3).

238. — Le propriétaire de la cour dans laquelle se trouve le puits, a la faculté de la clore, à la charge de fournir une clef à chaque intéressé (4).

(1) Tr. Rouen, 27 mars 1884, R. 84, 207 ; Cass., 17 mai 1887, S. 90, 1, 315, D. 88, 1, 60.

(2) Cout. Norm., 621 ; comp. Bourges, 13 novembre 1838, S. 39, 2, 84.

(3) Pesnelle, 633 ; Basnage, II, 292.

(4) Cout. Norm., 621.

239. — L'entretien, le curage (1), les réparations et la reconstruction d'un puits appartenant en commun à plusieurs, sont à la charge de tous; l'un des intéressés peut y contraindre les autres quand il en est besoin.

240. — Du reste, on a toujours la faculté d'abandonner son droit au puits et au puisage.

DEUXIÈME SECTION

MITOYENNETÉ

241. — La mitoyenneté est fondée sur cette pensée que les deux propriétaires voisins ont fait, en réalité, pour se clore ce qu'ils avaient intérêt à faire, c'est-à-dire que chacun a fourni la moitié du sol, des matériaux et de la main-d'œuvre.

§ 1er

Murs

I. *Présomption de mitoyenneté*

242. — Partout, à la ville comme à la cam-

(1) Le curement du puits n'est pas à la charge du locataire (C. civ., 1756).

pagne, tout mur servant de séparation entre bâtiments, est réputé mitoyen dans toute sa hauteur lorsque les deux bâtiments présentent la même élévation, et au cas contraire, jusqu'à l'héberge seulement, c'est-à-dire jusqu'à la ligne formée par l'arête des constructions les moins élevées (1).

243. — Tout mur séparatif entre cours et jardins, et même entre enclos dans les champs, est également présumé mitoyen (2).

244. — Quant au mur entre une maison et une cour ou un jardin, il appartient en totalité au propriétaire de la maison (3).

245. — Le mur servant de soutènement à une terrasse, appartient exclusivement au propriétaire du fonds supérieur, alors du moins qu'il ne s'élève qu'à hauteur d'appui (4); s'il empêchait

(1) C. civ., 653; Pau, 9 janvier 1888, D. 89, 2, 224; Demolombe, XI, 317.

(2) C. civ., 653; Aubry et Rau, § 222, note 7; Demolombe, XI, 227.

(3) Cass., 4 juin 1845, 12 mai 1886, S. 88, 1, 206, D. 86, 1, 452; Huc, IV, 324; Aubry et Rau, § 222, note 9; Baudry-Lacantinerie et Chauveau, 936.

(4) Cass., 25 avril 1888, S. 88, 1, 380, D. 89, 1, 262; Bordeaux, 18 mai 1858, S. 59, 2, 177; Pardessus, 150; comp. Aubry et Rau, § 222, note 10.

toute vue sur le fonds inférieur, il serait présumé mitoyen comme mur de clôture (1).

246. — Les murs séparant une cour commune de jardins ou cours appartenant exclusivement aux copartageants, sont réputés mitoyens (2).

247. — Les présomptions légales de mitoyenneté des murs cessent s'il y a titre ou marque du contraire (3).

248. — Pour le titre contraire à la mitoyenneté, il n'est pas indispensable qu'il soit commun aux deux parties (4).

249. — Il y a marque de non mitoyenneté lorsque la sommité du mur est droite et à plomb de son parement d'un côté et présente de l'autre un plan incliné ; lors encore qu'il n'y a que d'un côté ou un chaperon ou des filets et corbeaux de pierre qui y auraient été mis en bâtissant le mur (5). Dans ces cas, le mur est censé appar-

(1) Caen, 2 avril 1862, R. 62, 222; Demolombe, XI, 330; Laurent, VII, 529.

(2) Caen, 26 décembre 1843, R. 43, 647.

(3) C. civ., 653.

(4) Cass., 25 janvier 1859, 11 août 1884, S. 86, 1, 196, D. 85, 1, 254.

(5) Le *chaperon* est la couverture, le toit, le chapeau du mur. On appelle *filets*, larmiers, les moulures en tuiles ou

tenir exclusivement au propriétaire du côté duquel sont l'égout ou les corbeaux et filets de pierre (1).

Sous la Coutume, les ouvertures parementées appelées chapelles, relais, armaires, lorsqu'elles se trouvaient accompagnées de pierre de taille traversant tout le mur, faisaient attribuer la propriété du mur au voisin du côté duquel elles étaient (2).

250. — La présomption de mitoyenneté ne s'applique évidemment qu'aux murs servant de séparation immédiate entre deux fonds (3); lorsqu'il existe au-delà du mur un espace de terrain quelconque, il n'y a pas à présumer de mitoyenneté. En pareille circonstance, la preuve de non mitoyenneté sera souvent attestée par des jambes

pierres plates qui font saillie au bout du chaperon, afin de rejeter hors du parement du mur les eaux qui en découlent. Les *corbeaux* sont des pierres traversant le mur et faisant saillie d'un côté (Cout. Norm., 618).

(1) C. civ., 654 ; comp. Rouen, 31 août 1867, R. 67, 261, S. 68, 2, 215.

(2) Cout. Norm., 618; Houard, *Dict. Armaires ;* Pardessus, 162.

(3) On dit dans ce cas que le mur est contigu, à fin d'héritage, sans moyen (Cout. Norm., 616).

de force, ou piliers boutants soutenant le mur à l'extérieur (1).

251. — Tout propriétaire bâtissant un mur, à ses frais, à l'extrême limite de son fonds, doit avoir soin de s'en assurer la propriété exclusive en y plaçant des marques de non mitoyenneté que la loi considère comme contradictoires avec le voisin, ou en obtenant de celui-ci une déclaration spéciale.

252. — Du reste, même en cas d'existence de marques de non mitoyenneté, le voisin peut acquérir la mitoyenneté par prescription de 30 ans, au moyen d'actes matériels constituant l'exercice de droits de copropriété (2).

253. — Le fait de recrépir le mur n'est pas considéré comme un acte faisant présumer la mitoyenneté (3).

254. — La présomption de mitoyenneté ne saurait être détruite que par un titre formel (4).

255. — Les copropriétaires d'un mur mitoyen

(1) Caen, 17 mai 1831; Demolombe, XI, 331.

(2) C. civ., 2229; Rouen, 31 août 1867, S. 68, 2, 215; Demolombe, XI, 347; Aubry et Rau, § 222, note 24.

(3) Caen, 20 juin 1845, R. 46, 550.

(4) Caen, 7 août 1848, R. 48, 229.

sont tenus de contribuer, dans la proportion de leur droit, aux frais de réparation ou de reconstruction de ce mur (1).

Evidemment, la reconstruction du mur doit avoir lieu dans les conditions de l'ancien, et avec des matériaux de même nature (2).

Pour que les frais de réparation ou de reconstruction soient une charge commune, il faut que le mauvais état du mur provienne d'un vice de construction originaire, d'un accident ou de vétusté ; si, au contraire, le mauvais état provenait du fait de l'un des copropriétaires qui aurait dégradé ou ébranlé le mur, lui seul devrait supporter les frais (3).

256. — Au surplus, l'un des copropriétaires ne pourrait pas, sans avoir obtenu le consentement préalable de l'autre, faire procéder à la réparation ou reconstruction du mur mitoyen ; en agissant ainsi de son chef, il s'exposerait à payer seul les frais des travaux (4).

257. — L'un des voisins ne peut pratiquer

(1) C. civ., 655.

(2) Caen, 28 février 1857, S. 57, 2. 376.

(3) Paris, 27 novembre 1877, D. 79, 2, 21.

(4) Huc, IV, 327 ; Laurent VII, 545.

dans le corps du mur mitoyen aucun enfoncement ni y appliquer ou appuyer aucun ouvrage, sans le consentement de l'autre, ou sans avoir, à son refus, fait régler par experts les moyens nécessaires pour que le nouvel ouvrage ne soit pas nuisible aux droits de l'autre (1).

Il est permis aux intéressés de déroger à cette règle, notamment pour l'établissement de cheminées (2).

258. — Sans l'accord des deux voisins, l'un d'eux ne pourrait pratiquer dans le mur mitoyen aucune fenêtre ou ouverture, de quelque manière que ce soit, même à verre dormant (3).

259. — Par suite d'expropriation publique, la mitoyenneté se trouve quelquefois transférée à l'expropriant qui a les mêmes droits que l'ancien propriétaire (4).

260. — La mitoyenneté donne à chacun des copropriétaires la faculté de se servir du mur

(1) Code civ., 662; Demolombe, XI, 411; comp. Basnage, art. 611, Cout. Norm.; Vaudoré, I, 239.

(2) Caen, 23 août 1864, R. 64, 208.

(3) C. civ., 675.

(4) Cass., 21 juillet 1862, S. 62, 1, 797.

pour tous les usages auxquels il est destiné, d'après sa nature (1).

Ainsi, chaque copropriétaire est autorisé à adosser, contre le mur mitoyen, toutes espèces de plantations ou de constructions. Il peut y faire placer des poutres ou solives dans toute son épaisseur, à cinquante-quatre millimètres (deux pouces) près, sans préjudice du droit qu'a l'autre voisin de les faire réduire à l'ébauchoir jusqu'à la moitié du mur, dans le cas où il voudrait également asseoir des poutres au même endroit ou y adosser une cheminée (2).

261. — Chacun des copropriétaires a le droit d'enfoncer des clous dans le mur mitoyen d'y appuyer des plantes grimpantes ou des espaliers (3).

II. *Exhaussement*

262. — A moins de convention contraire, tout copropriétaire peut faire exhausser le mur mitoyen, mais il doit payer seul la dépense de l'exhaussement et les réparations d'entretien au

(1) Aubry et Rau, § 222, 3°; Démolombe, XI, 396.

(2) C. civ., 657.

(3) C. civ., 671; Caen, 3 mai 1839. R. 39, 177.

dessus de la hauteur de la clôture mitoyenne (1).

En outre, il est tenu d'indemniser le voisin du préjudice de l'exhaussement en nécessitant de plus fréquentes réparations, à moins cependant qu'au moyen de travaux confortatifs il ne fasse entièrement disparaître les inconvénients de la surcharge (2).

263. — Lorsque le mur mitoyen n'est pas en état de supporter l'exhaussement, celui des voisins qui veut y faire procéder, doit reconstruire le mur en entier à ses frais, et en prenant de son côté l'excédent d'épaisseur. Dans ce cas, évidemment, il n'est dû aucune indemnité de surcharge (3).

264. — Celui qui fait exhausser ou reconstruire le mur mitoyen supporte seul les frais d'expertise, ainsi que ceux d'étayage des bâtiments du voisin (4).

Si le voisin exhaussait sans expertise préala-

(1) Rouen, 30 juin 1883, R. 83, 233; Cass., 2 juillet 1895, S. 95, 1, 445, D. 96, 1, 178.

(2) C. civ., 658; Cass., 18 août 1874, S. 74, 1, 161, D. 75, 1, 155; Aubry et Rau, § 222, note 38.

(3) C. civ., 659; Cass., 16 mars 1881, S. 81, 1, 223, D. 82, 1 77; Demolombe, XI, 404; Aubry et Rau, § 222, note 42.

(4) Aubry et Rau, § 222, note 41; Duranton, V. 331.

ble, il s'exposerait à des dommages intérêts en cas d'accident (1).

265. — Pourvu qu'il n'y ait eu ni faute ni négligence, il n'est dû aucun dédommagement au voisin pour l'embarras momentané que lui causent les travaux de démolition et de reconstruction, ni pour la perte de clientèle résultant de l'interruption de son commerce, ni encore pour la perte de jouissance subie par ses locataires, encore qu'il leur devrait lui-même une indemnité de ce chef (2).

Mais l'auteur de l'exhaussement doit réparer à ses frais toutes dégradations occasionnées par les travaux aux espaliers, treillages, ornements et constructions adossées au mur (3).

266. — En cas de reconstruction du mur pour cause d'exhaussement, le nouveau mur, quoique reconstruit aux frais de l'un des copropriétaires, n'en devient pas moins mitoyen jusqu'à la hauteur de l'ancien (4).

(1) Bordeaux, 21 avril 1864, S. 64, 2, 219.

(2) C. civ., 1724; Caen, 18 mai 1858, R. 58, 322; Paris, 24 mars 1879, S. 79, 2, 137; Demolombe, XI, 406; Duranton, V, 331.

(3) Caen, 28 juin 1844, R. 44, 601; Paris, 24 novembre 1874, S. 76, 2, 109, D. 76, 2, 1; 14 juin 1898.

(4) Aubry et Rau, § 222, note 45; Demolombe, XI, 407; Huc, IV, 334.

267. — Le voisin qui n'a pas contribué aux frais de l'exhaussement, est toujours admis à acquérir la mitoyenneté de la partie exhaussée en remboursant la moitié de ses frais, et, le cas échéant, la moitié de la valeur du sol fourni pour l'excédant d'épaisseur (1).

En acquérant la mitoyenneté de la surélévation d'un mur mitoyen, le voisin peut exiger la suppression des jours et des enfoncements s'y trouvant (2).

III. *Acquisition de mitoyenneté*

268. — Tout propriétaire d'un terrain joignant un mur non mitoyen, a la faculté d'en acquérir la mitoyenneté, en tout ou en partie, en remboursant la moitié de la valeur du mur ou de la portion qu'il veut rendre mitoyenne, et moitié de la valeur du sol (3).

L'acquisition partielle de la mitoyenneté comprend toujours la totalité de l'épaisseur du mur et toute la profondeur des fondations (4).

(1) C. civ., 660 ; Laurent, VII, 564.

(2) Caen, 17 mars 1849, R. 49, 142.

(3) C. civ., 661.

(4) Caen, 22 mars 1850, R. 50, 476 ; Demolombe, XI, 363 ; Baudry-Lacantinerie et Chauveau, 956.

269. — Cette faculté d'acquérir la mitoyenneté s'applique à tous les murs, mais uniquement aux murs ; elle est étrangère aux clôtures composées de planches, pieux, lisses (1).

D'ailleurs, elle ne peut être exercée quant aux murs faisant partie d'édifices publics : mairies, églises, etc. (2).

270. — Le propriétaire dont le mur se trouve en retrait de la ligne séparant son héritage de celui du voisin, est autorisé à refuser de céder la mitoyenneté, si minime que soit le terrain intermédiaire (3).

271. — Celui qui demande à acquérir la mitoyenneté, peut avoir uniquement l'intention de faire fermer des jours de souffrance (4) ; au

(1) Cass., 15 déc. 1857, S. 58, 1, 271 ; Caen, 31 janvier 1877, R. 77, 20, S. 77, 2, 165, D. 77, 2, 91 ; Baudry-Lacantinerie et Chauveau, 953.

(2) Cass., 5 décembre 1838, 14 février 1900, S. 1900, 1, 2, 21, D. 1900, 1, 593.

(3) Cass., 26 mars 1862, S. 62, 1, 473 ; 28 avril 1891, D. 92, 1, 23 ; Caen, 12 juin 1891, R. 92, 1 ; Baudry-Lacantinerie et Chauveau, 950. — *Contrà*, Caen, 27 janvier 1860, S. 61, 2, 63, D. 60, 2, 204 ; Rennes, 14 juin 1860 ; Demolombe, XI, 351 ; Laurent, VII, 507, autorisant l'acquisition, l'espace laissé ne pouvant être d'aucune utilité pour le propriétaire constructeur.

(4) C. civ., 675 ; Cass., 13 juin 1888, S. 88, 1, 413, D. 89, 1, 101 ; Aubry et Rau, § 222, note 60.

surplus, il n'est aucunement obligé de faire connaître ses motifs.

Quant aux vues directes existant en vertu de titres, ou de la destination du père de famille, ou remontant à plus de trente ans, l'acquéreur de la mitoyenneté n'a pas le droit de les faire supprimer (1). Du reste, une ouverture placée à une très grande hauteur, et ne permettant guère que la vue des toits est une simple tolérance (2).

Le propriétaire exclusif d'un mur qui a établi des placards, des cheminées, peut-il être contraint de les supprimer par l'acquéreur de la mitoyenneté ?

En équité, l'acheteur doit prendre les choses dans l'état où elles se trouvent, car son achat n'a point d'effet rétroactif (3).

272. — Comme toute autre faculté légale,

(1) Cass., 13 juin 1888, précité ; Caen, 7 juin 1861, R. 61, 232 ; Rouen, 9 décembre 1878, S. 79, 2, 147.

(2) Rouen, 27 juin 1878, 24 mai 1881, R. 81, 239.

(3) Poitiers, 28 décembre 1841 ; Caen, 29 décembre 1858, S. 59, 2, 619 ; Bourges, 19 février 1872, S. 72, 2, 222 ; Pardessus, 397 ; Laurent, VII, 515 ; — *Contrà*, Demolombe, XI, 372 ; Aubry et Rau, § 222, note 61 ; Cass. Belge, 18 octobre 1883, S. 86, 4, 13, disant que l'acquisition de la mitoyenneté oblige à livrer le mur dans l'état où il aurait dû être s'il eût été mitoyen dès l'origine.

celle d'acquérir la mitoyenneté est imprescriptible, tant qu'il n'y a pas été renoncé (1).

273. — A défaut par les parties de se mettre d'accord sur la valeur de la mitoyenneté, elle sera fixée par deux experts. Les frais d'acte et d'expert seront supportés par l'acheteur (2).

Si l'un des intéressés refusait l'expertise amiable, les frais de contestation et d'expertise judiciaire tomberaient à sa charge (3).

274. — La cession de mitoyenneté est une véritable vente immobilière qui doit être transcrite aux hypothèques (4).

275. — Il peut arriver qu'en l'absence de toute convention le voisin d'un mur non mitoyen en prenne possession, par exemple en y adossant des constructions. Alors, le propriétaire du mur est fondé à demander la destruction des ouvra-

(1) C. civ., 2232; Caen, 31 janvier 1877, R. 77, 20, S. 77, 2, 165, D. 77, 2, 91.

(2) Comp. Montpellier, 8 mars 1876, S. 77, 2, 177 ; Laurent, VII, 513; Pardessus, 158.

(3) Rouen, 11 juillet 1838, S. 38, 2, 419, D. 40, 2, 19; Pardessus, 158; Demolombe, XI, 366.

(4) L. 23 mars 1855, art. 2; comp. Paris, 25 novembre 1885, S. 86, 2, 25, D. 86, 2, 89.

ges, et l'usurpateur ne pourra s'y soustraire qu'en payant la mitoyenneté (1).

276. — Quand l'usurpateur de la mitoyenneté vend son immeuble, le propriétaire du mur conserve néanmoins le droit de réclamer au tiers acquéreur l'indemnité de mitoyenneté (2), tant que la prescription trentenaire n'est pas accomplie.

IV. *Abandon*

277. — Chacun des copropriétaires du mur mitoyen peut, en renonçant à la mitoyenneté, s'affranchir de l'obligation de contribuer aux frais d'entretien et de reconstruction de ce mur, pourvu qu'il ne soutienne pas un bâtiment lui appartenant (3), et que la réparation ou reconstruction n'ait pas été rendue nécessaire par son fait ou par sa faute (4).

La faculté d'abandon s'exerce pour la totalité ou pour partie du mur (5).

(1) Cass., 22 janvier 1900, S. 1903, 1, 175; Laurent, VII, 521; Baudry-Lacantinerie et Chauveau, 957.

(2) Cass., 10 avril 1889, 27 juin 1892, S. 92, 1, 447, D. 92, 1, 379.

(3) C. civ., 656; Cass., 27 janvier 1874, S. 74, 1, 210, D. 74, 1, 480.

(4) Pardessus, 166, 168; Duranton, V, 319; Demolombe, XI, 393; Aubry et Rau, § 222, note 27.

(5) Cass., 3 avril 1865, S. 65, 1, 159.

278. — Il est du reste permis d'abandonner la mitoyenneté d'un mur situé dans un lieu où la clôture est forcée (1). Comp. n° 178.

279. — L'abandon de mitoyenneté est une aliénation soumise à la transcription hypothécaire (2).

§ 2e

Clôtures rurales

280. — Toute clôture (haie, fossé) qui sépare des héritages est réputée mitoyenne, sauf dans quatre cas : un seul des héritages est en état de clôture ; titre contraire à la mitoyenneté ; prescription au profit de l'un des voisins ayant possédé à titre exclusif ; marque de non mitoyenneté (3).

281. — Lorsqu'un seul des héritages est en état de clôture, la présomption de mitoyenneté cesse, et alors la clôture est simplement présu-

(1) Cass., 3 décembre 1862, 26 juillet 1882, S. 84, 1, 79 ; — *Contrà*, Paris, 31 mai 1888 ; Amiens, 11 décembre 1861 ; Demolombe, XI, 379.

(2) L. 23 mars 1855, art. 2.

(3) C. civ., 66.

mée appartenir au maître de l'héritage clos (1). A cet égard, il faut considérer non pas l'état actuel des lieux, mais leur état primitif, et la clôture doit être déclarée mitoyenne lors même qu'un seul des héritages est en état de clôture, s'il est établi qu'antérieurement les deux fonds étaient clos (2).

282. — La présomption de mitoyenneté s'évanouit devant un titre qui attribue à l'un des voisins la propriété exclusive de la clôture, encore que ce titre ne soit pas commun aux deux propriétaires voisins (3).

283. — La présomption de mitoyenneté cesse encore, lorsqu'il y a eu prescription au profit de l'un des voisins ayant possédé, à titre exclusif, durant le temps voulu, la clôture séparant son héritage de l'héritage voisin (4).

(1) Demolombe, XI, 471 ; Laurent, VII, 573 ; Baudry-Lacantinerie et Chauveau, 992 ; comp. Orléans, 23 février 1893, D. 93, 2, 394.

(2) Caen, 1er juillet 1858, S. 58, 2, 13 ; Cass., 12 mars 1872, S. 72, 1, 63, D. 72, 1, 320 ; Dijon, 11 mars 1896, S. 97, 2, 164 ; Baudry-Lacantinerie et Chauveau, 991.

(3) Cass., 11 août 1884, S. 84, 1, 196 ; Bordeaux, 13 juillet 1886, S. 88, 2, 159.

(4) Comp. Cass., 17 janvier 1838, 24 janvier 1882, S. 82, 1, 376, D. 82, 1, 196 ; Aubry et Rau, § 222, note 81 ; Demolombe, XI, 575 ; Laurent, VII, 581.

284. — Il y a marque de non mitoyenneté pour les fossés, lorsque la levée ou le rejet de la terre se trouve d'un côté seulement. Le fossé est censé appartenir exclusivement à celui du côté duquel le rejet se trouve (1).

Dans plusieurs parties de la Normandie, il existe des fossés non mitoyens dont le rejet est mis du côté du voisin ; la propriété exclusive en est garantie par des bornes (2).

285. — Les fossés séparant les bois domaniaux des bois des particuliers, devant être faits et entrepris par les riverains sur leurs propriétés, sont réputés leur appartenir, bien que la terre en ait été rejetée du côté domanial (3).

286. — A l'égard des haies sèches, les attaches en osier ou en fil de fer qui sont toujours tordues à l'intérieur des propriétés closes, cons-

(1) C. civ., 666 ; Caen, 13 mars 1839, R. 39, 75 ; comp. Cout. Verneuil, art. 4 ; Poullain-Duparc, liv., 4. ch. 7. n° 10.

(2) Caen, 22 février 1821 ; Demolombe, XI, 458, 474 ; Laurent, VII, 577 ; Baudry-Lacantinerie et Chauveau, 1001.

(3) Ord. août 1669, titre XXVII, art. 4 ; Cass., 12 août 1851, S. 51, 1, 736, D. 51, 1, 242 ; Caen, 25 mai 1850, R. 50, 371 ; Rouen, 18 mai 1859 ; Tr. Rouen, 30 mars 1879, R. 79, 218.

tituent des marques de non mitoyenneté (1).

287. — Pour une haie vive, le législateur ne s'étant pas occupé des marques de non mitoyenneté, en a par cela même laissé l'appréciation aux tribunaux (2).

288. — La clôture mitoyenne doit être entretenue à frais communs ; mais le voisin peut se soustraire à cette obligation en renonçant à la mitoyenneté (3) ; cette faculté cesse pour le fossé servant habituellement à l'écoulement des eaux (4).

289. — Le voisin dont l'héritage joint un fossé ou une haie non mitoyens, ne peut contraindre le propriétaire à lui céder la mitoyenneté (5).

290. — Tout propriétaire d'une haie mitoyenne, ou d'un fossé mitoyen qui ne sert qu'à la clôture, peut détruire cette clôture jus-

(1) Huc, IV, 358 ; Usages, Seine-Inférieure, 180 ; Usages, Eure, 38

(2) Cass., 15 juillet 1875, 10 avril 1883, S. 83, 1, 256, D. 84, 1, 76 ; Dijon, 11 mars 1896, S. 97, 2, 164.

(3) L'acte portant renonciation est soumis à la transcription hypothécaire, L. 23 mars 1855, art. 2.

(4) C. civ., 667; Baudry-Lacantinerie et Chauveau, 1002.

(5) C. civ., 668.

qu'à la limite de sa propriété, à la charge de construire un mur. Ce n'est pas une faculté pour le propriétaire qui détruit la clôture mitoyenne, de construire un mur à la limite de sa propriété ; la loi lui impose une obligation (1).

Du reste, il est bien entendu que le mur ainsi construit aux frais d'un propriétaire sur son terrain, ne sera pas mitoyen.

291. — Tant que dure la mitoyenneté de la haie, les produits appartiennent aux propriétaires par moitié (2).

292. — La haie mitoyenne est réduite à une épaisseur de 50 centimètres et à une hauteur de 1m66 à 2 mètres, au moins une fois tous les six ans (3).

Par exception, les haies vives entre jardins doivent être taillées chaque année.

293. — Assez souvent, les voisins jouissent de la haie mitoyenne chacun pour la moitié qui se trouve de son côté ; d'autres fois, chaque

(1) C. civ., 668 ; Moulins, 25 février 1888, S. 88, 2, 221.

(2) C. civ., 669.

(3) Arrêt Parl., 17 août 1751, art. 10 ; Usages, Eure, 25, 28.

voisin exploite son bout (1) ; quoi qu'il en soit, la convention ne détruit pas la mitoyenneté, ni l'obligation d'entretenir la haie en bon état de clôture.

294. — Les arbres qui se trouvent dans la haie mitoyenne sont aussi mitoyens. Les arbres plantés sur la ligne séparative de deux héritages sont également réputés mitoyens. Lorsqu'ils meurent ou lorsqu'ils sont coupés ou arrachés, ces arbres sont partagés par moitié. Les fruits sont recueillis à frais communs et partagés aussi par moitié, soit qu'ils tombent naturellement, soit que la chute en ait été provoquée, soit qu'ils aient été cueillis. Chaque propriétaire a le droit d'exiger que les arbres mitoyens soient arrachés (2).

(1) Usages, Eure, 29, 30 ; Usage, Seine-Inférieure, 184 ; Bouthors, LVIII.

(2) C. civ., 670.

CHAPITRE TROISIÈME

SERVITUDES LÉGALES

295. — L'objet des servitudes légales est soit l'utilité publique, soit l'utilité des particuliers (1).

PREMIÈRE SECTION

SERVITUDES D'UTILITÉ PUBLIQUE

296. — Ces servitudes s'appliquent à la navigation fluviale, aux postes militaires, aux routes et chemins, etc.

§ 1er

Halage et Marchepied

297. — Les fonds riverains des fleuves et rivières navigables ou flottables (2) sont grevés

(1) C. civ., 639, 649.

(2) Le tableau annexé à l'ordonnance du 10 juillet 1835 déclare navigables : la Somme de la Neuville le Bray, l'Oise, l'Aisne la Marne en Seine-et-Oise ; l'Eure en Eure-et-Loir ; la Loire dans le Loiret ; le Cher dans Loir et Cher ; la Seine sur tout son parcours dans les départements de la Seine, de Seine-et-Oise, de l'Eure et de la Seine-Inférieure ; la Lézarde depuis le pont aux chaines de Harfleur ; l'Andelle de la commune de Pitres,

des servitudes de halage et de marchepied (1)

298. — Pour les rivières navigables ou flottables avec bateaux, trains ou radeaux : d'un côté le chemin de halage doit avoir 7m80c de largeur, et le riverain ne peut construire, planter ni tenir haies ou clôtures qu'à 9m75c de la rivière ; de l'autre côté, pour le marchepied, il faut laisser libre de constructions, clôtures et plantations un espace de 3m25c de la rive (2).

299. — La largeur du chemin de halage peut être restreinte par l'administration lorsque l'in-

l'Eure depuis Saint-Georges ; la Rille depuis Montfort ; la Touques depuis la commune du Breuil ; la Dives du pont de Corbon ; l'Orne du pont de Vaucelles à Caen ; l'Aure de Trévières ; la Vire du pont de Vire à Saint-Lo ; la Taute du moulin du Mesnil près Marchesieux ; la Madelaine de la chaussée de Beaute ; la Douve de Saint-Sauveur-le-Vicomte ; le Merdret de la chaussée de la Fière ; la Sève du pont de Beaute ; la Sienne du pont de la Roque, commune de Montchaton ; la Terrette du pont Boucher, commune de Saint-Pierre-d'Arthenay ; la Séé de Tirepied au-dessous d'Avranches ; la Sélune du pont de Ducey ; le Couesnon sur tout son parcours dans le département de la Manche ; la Sarthe, à partir du pont du Mans ; le Loir du Pont-Gaultier à Sainte-Cécile ; la Mayenne du Pont-Bellanger à Laval ; la Vilaine à partir de Cesson.

(1) L. 8 avril 1898, art. 46 et 49.

(2) L. 8 avril 1898, art. 46.

térêt du service de la navigation le permet (1).

300. — En ce qui concerne les rivières flottables seulement à bûches perdues, les riverains sont tenus de laisser, sur l'une et l'autre rive, un chemin de 4 pieds (1^m33) pour le passage des ouvriers chargés de pousser les bois aval de l'eau (2).

301. — Les riverains des canaux de navigation créés de main d'homme, ne sont pas en général assujettis aux servitudes de halage et de marchepied, car le sol des chemins de halage et de marchepied est acquis par expropriation, en même temps que l'assiette du canal (3).

302. — Il est défendu d'extraire des terres, sables et autres matières à moins de 11^m70 des fleuves, rivières et canaux navigables (4).

303. — Tout propriétaire qui veut construire ou planter le long d'une voie navigable doit demander au préfet de tracer l'alignement de la zone de servitude (5).

(1) L. 8 avril 1898, art. 47.

(2) Ord. d'août 1669 ; édit décembre 1672 ; L. 9 avril 1898, art. 30 à 33.

(3) Circ. 19 juillet 1880 ; Cons. d'Etat, 6 juin 1856, S. 57, 2, 454.

(4) L. 8 avril 1898, art. 51.

(5) L. 8 avril 1898, art. 42 ; comp. Cons. d'État, 26 janvier 1900, S. 02, 34, 3, D. 01, 3, 39.

§ 2e

Zone militaire

304. — Dans l'intérêt des places de guerre et des postes militaires (1), il est défendu de faire des constructions ou travaux sur les fonds compris dans les différentes zones tracées autour de ces places ou postes (2).

305. — A l'extérieur des citadelles, places de guerre et ouvrages détachés, la limite des fortifications s'étend à une distance de 39 mètres, déterminée par des bornes plantées aux frais de l'État, quand il n'existe pas de limites naturelles comme chemins ou rivières (3).

306. — Au-delà du terrain militaire, le rayon de défense grevant les propriétés privées comprend trois zones : la première, à 250 mètres ; la deuxième, à 487 mètres, et la troisième, à 584 mètres autour des postes militaires, et à 974 mètres autour des places de guerre (4).

(1) L. 10 juillet 1791, art. 13, L. 10 juillet 1851.

(2) L. 10 juillet 1851 ; Décr. 10 août 1853, 15 mars 1862.

(3) L. 17 juillet 1819.

(4) Décr. 10 août 1853, art. 5.

Dans la première zone, il ne peut être fait aucune construction ni plantation, toutefois les clôtures légères à claire-voie sont permises ; dans la deuxième zone, on ne peut élever que des constructions en bois et en terre, sans pierre ni briques, et à la charge de les démolir et enlever, sans indemnité, à première réquisition de l'autorité militaire ; dans la troisième zone, toutes constructions sont permises, mais il est interdit de faire des fouilles ou déposer des matériaux sans une autorisation spéciale (1).

Un décret peut réduire l'étendue des zones du côté des centres de population (2).

307. — Les constructions existantes antérieurement à la fixation du rayon militaire continuent d'exister, mais dans le cas de démolition, il n'est pas permis de les rétablir (3).

§ 3e

Magasin à poudre

308. — Il est interdit d'élever à une distance moindre de 25 mètres des murs d'enceinte des

(1) Décr. 1853, art. 7 à 11.

(2) L. 10 juillet 1851 ; Décr. 1853, tit, II, art. 6.

(3) Décr. 1853, art. 24.

magasins à poudre, de la guerre et de la marine, aucune construction de nature quelconque autre que des murs de clôture.

Sont prohibés dans la même étendue : l'établissement des conduites de becs de gaz, des clôtures en bois et des haies sèches ; les emmagasinements et dépôts de bois, fourrages ou matières combustibles, et les plantations d'arbres de haute tige.

309. — On ne peut, jusqu'à une distance de 50 mètres des murs d'enceinte, construire des usines et établissements pourvus de foyers, avec ou sans cheminée d'appel (1).

§ 4e

Bois et Forêts

310. — Les bois et forêts appartenant à l'État ou aux établissements publics, affectent les fonds environnants de servitudes d'utilité publique (2).

(1) L. 22 juin 1854, art. 1 et 2.

(2) C. for. — Ces bois sont eux-mêmes parfois grevés, en vertu de concessions anciennes, de droits d'usage au profit des habitants des villages voisins, tels que l'affouage (bois de chauffage), de marrenage (de construction), la paisson ou panage (paturage des porcs), appelée encore faînée ou glandée (c. for, 61, 103, 119).

311. — Ainsi, les voisins ne peuvent sans autorisation : 1° Construire un four à chaux ou à plâtre, une tuilerie, à moins de 1 kilomètre de distance de ces bois et forêts ; 2° Établir aucune maison sur perches, loge, baraque, à moins de 1 kilomètre ; 3° Etablir dans les maisons ou fermes sises à moins de 500 mètres, aucun atelier à façonner le bois, chantier ou magasin pour faire le commerce de bois ; 4° Construire une usine à scier le bois à moins de 2 kilomètres de distance (1).

312. — La demande d'autorisation doit être remise en double à l'agent forestier supérieur de l'arrondissement.

Toute contravention entraîne une amende et la démolition des travaux.

§ 5e

Routes

313 — Les riverains des routes nationales ou départementales (2), sont obligés de demander

(1) C. for., 151 à 155 ; comp. Cass., 23 juin 1848, S. 48. 1, 744, D. 48, 1, 199.

(2) Les routes départementales sont maintenant classées, presque partout, dans le réseau vicinal.

l'autorisation préalable de la préfecture pour construire, réparer, planter, abattre le long de ces voies (1).

314. — Celui qui veut planter des arbres sur son propre terrain à plus de 6 mètres de distance de la route ou une haie vive à plus de 2 mètres, est, dans ce cas seulement, dispensé de demander l'alignement à suivre ; les plantations à des distances moindres doivent donc être préalablement autorisées (2).

315. — Il est obligatoire pour les propriétaires riverains d'ébrancher et élaguer leurs arbres, conformément aux arrêtés préfectoraux, et sous la surveillance des agents des ponts et chaussées (3).

316. — Les fossés et talus des routes sont réputés en dépendre (4), car les routes ont pour limites la crête extérieure des fossés, le pied du talus en remblai et la crête du talus en déblai (5).

(1) L. 22 juillet 1791, art, 29 ; Décr, 16 décembre 1811, art. 93, à 105 ; Cons. d'Ét. 28 novembre 1886, S. 88, 3, 42, D. 88, 3, 22.

(2) L. 9 ventôse an XIII ; Décr. 26 décembre 1811.

(3) Décr. 16 août 1811, art. 102.

(4) Décr. 16 décembre 1811, art. 118, 119 ; L. 12 mai 1825, art. 2

(5) Cons. d'État, 5 février 1875, 7 avril 1876, 30 mai 1884, D. 85, 3, 106.

§ 6e

Chemins vicinaux

317. — Les voies vicinales se divisent en trois catégories : chemins de grande communication, chemins de moyenne communication ou d'intérêt commun, chemins de petite communication ou ordinaire (1).

318. — Pour construire ou réparer un bâtiment, mur ou clôture quelconque à la limite des chemins vicinaux, il est nécessaire de demander au préalable un alignement individuel (2).

319. — Toute demande d'alignement est faite sur papier timbré, elle indique avec précision le lieu où les travaux doivent être effectués (3).

320. — Cet alignement n'est valablement donné que par écrit (4) ; il émane du maire, sur l'avis de l'agent-voyer, le long des chemins vici-

(1) L. 28 juillet 1824; 21 mai 1836, 10 août 1871.

(2) Règl. général de 1870, art. 172, 178 ; Inst. générale, 6 décembre 1870, art. 273, 279.

(3) L. 13 brumaire an VII, art. 12 ; Règl. gén., 172.

(4) Cass., 5 juillet 1860, S. 61, 1, 499, D. 60, 1. 370 ; Tr. Caen, 3 août 1676, R. 77, 72.

naux ordinaires; du préfet, sur le rapport des agents-voyers, le long des chemins de grande communication ou d'intérêt commun (1).

321. — Les fossés et talus en remblai ou en déblai, sont présumés faire partie du chemin vicinal (2).

322. — Tout particulier qui veut planter sur son propre fonds, doit préalablement en obtenir l'autorisation et observer les distances fixées par les arrêtés préfectoraux (3), savoir :

1° Seine-Inférieure : arbres fruitiers, 2 mètres; arbres forestiers, 1 mètre ; bois taillis, 50 centimètres ; distance des arbres entr'eux, 5 mètres ; haies vives à 50 centimètres, avec hauteur maximum de 2 mètres.

2° Eure : arbres fruitiers, 3m30; arbres forestiers, 2 mètres; bois taillis, 1m60 ; distance des arbres fruitiers entr'eux, 10 mètres, des arbres forestiers, 5 mètres ; haies vives à 50

(1) Règl. gén., 172, 175, 178; comp. Cons. d'Etat, 27 mars 1862, S. 63, 2, 71, D. 63, 3, 9.

(2) Règl. gén., 339; Cass., 16 juin 1856, S. 59, 1, 122, 7 novembre 1892, S. 93, 1, 366.

(3) Règl. gén., 184, 189, 190. Les arrêtés préfectoraux relatifs aux chemins vicinaux, se trouvent dans toutes les mairies à la disposition du public.

centimètres, avec hauteur maximum de 1^m50.

3° Calvados : arbres fruitiers et forestiers, 2 mètres ; bois taillis, 1 mètre ; distance des arbres entr'eux, 6 mètres ; haies vives à 50 centimètres, avec hauteur maximum de 1^m66.

4° Orne : arbres fruitiers, 4 mètres ; arbres forestiers et taillis, 2 mètres ; distance des arbres entr'eux... (1) ; haies vives à 50 centimètres, avec hauteur maximum de 2 mètres.

5° Manche : pommiers, châtaigniers, etc., 2 mètres ; ormes, peupliers, 1 mètre ; bois taillis, 50 centimètres ; distance des arbres entr'eux, 10 mètres ; haies vives à 50 centimètres, avec hauteur maximum de 1^m50.

323.— Les arbres, branches, haies et racines avançant sur le sol des chemins vicinaux, doivent être coupés à l'aplomb de ces chemins, à la diligence des propriétaires ou fermiers, conformément aux arrêtés préfectoraux qui deviennent obligatoires par leur insertion dans le Recueil des actes administratifs et leur publication dans la commune, selon la forme ordinaire (2).

(1) Règ. gén., 6 mètres, à défaut d'indication dans le règlement départemental.

(2) L. 21 mai 1836, art. 21 ; Cass., 3 octobre 1857, S, 58, 1, 256, D. 57, 1, 448.

En cas de retard ou de refus d'exécution, les contrevenants sont condamnés à l'amende par le tribunal de simple police (1) qui enjoint un délai pour exécuter l'élagage ou l'émondage, passé lequel il y est procédé d'office à leurs frais.

324. — Dans le cas où les propriétaires riverains veulent ouvrir des fossés sur leur terrain, comme mode de clôture et de défense, ils sont tenus d'en demander l'autorisation et d'observer la distance de 50 centimètres prescrite par les règlements départementaux.

Tout fossé doit avoir un talus de 1 mètre de base au moins pour 1 mètre de hauteur ; en outre, le propriétaire est obligé de l'entretenir de manière à empêcher que les eaux nuisent à la viabilité du chemin.

325. — Nul ne peut, sans y être préalablement autorisé, faire aucun ouvrage de nature à intéresser la conservation de la voie : passage temporaire ou permanent, barrage, écluse, tranchée, aqueduc, etc. L'autorisation impose au permissionnaire l'obligation d'entretenir constamment les ouvrages en bon état ; elle est d'ail-

(1) C. pén., 471, 15°, 474 ; Cass., 23 février 1878, S. 79, 1, 43.

leurs révocable si cela est nécessaire dans un but d'utilité publique (1).

326. — Les puits ou citernes ne peuvent être établis à moins de 5 mètres de la voie publique dans la Seine-Inférieure et l'Orne, et à moins de 10 mètres dans l'Eure, le Calvados et la Manche (2).

327. — Pour les mares publiques ou particulières, la distance est de 5 mètres (3).

§ 7e

Chemins ruraux

328. — Les chemins ruraux, reconnus, appartiennent aux communes, et sont placés sous la seule autorité du maire (4).

329. — Nul ne peut sans autorisation écrite, faire aucune construction, plantation ou autre ouvrage de nature à intéresser la conservation du chemin (5).

(1) Cons. d'Etat, 12 février 1886, S. 87, 3, 49.

(2) Règl., art. 172.

(3) Règl., art. 206.

(4) L. 20 août 1881, art. 4, 9 ; comp. Cons. d'Etat, 10 février 1899, S. 01, 3, 93.

(5) Règl., art. 77 et 78 ; L. 5 avril 1884, art. 91.

330. — Il est permis aux particuliers intéressés à un chemin rural, de se réunir en association syndicale, en vue de l'entretien et de l'amélioration du chemin (1).

331. — Les chemins ruraux reconnus sont imprescriptibles comme les autres voies publiques (2).

§ 8e

Rues et places

332. — Les rues et places formant le prolongement d'une route ou d'un chemin vicinal, sont assimilées à ces voies ; les autres rues et places appartiennent au domaine public municipal (3).

333. — A Paris, toutes les rues appartiennent à la grande voirie (4).

334. — Dans un certain nombre de ventes domaniales, faites notamment pendant la révolution, à Paris il a été imposé aux acquéreurs

(1) L. 20 août 1881, art. 19 et suiv.

(2) L. 20 août 1881, art. 6 ; comp. Cass., 15 avril 1890, S. 91, 1, 125.

(3) Décr. 1er décembre 1790, art. 2 ; Paris, 15 janvier 1886 ; Demolombe, IX, 457 *bis* ; Planiol, I, 2052.

(4) Décr. 26 mars 1852, art. 1.

la condition de fournir, sans indemnité, les terrains nécessaires, soit à l'élargissement de la voie publique, soit au percement de rues nouvelles.

Ces conditions sont obligatoires pour ceux qui les ont consenties comme pour leurs successeurs, et imprescriptibles tant que la réquisition d'alignement n'a pas été adressée au propriétaire (1).

335. — Quand il y a lieu au nivellement, à la réparation, à l'entretien d'une rue, les riverains sont obligés de souffrir sans indemnité, les incommodités et le préjudice qui en résultent pour eux (2).

336. — Par mesure de sécurité, le maire a toujours le droit d'ordonner la clôture des terrains ouverts longeant les rues et places publiques (3).

337. — Les propriétaires et locataires de mai-

(1) Cass., 24 février 1847, S. 47, 1, 444, D. 47, 1, 99; Cons. d'Etat, 24 février 1859, S. 59, 2, 633; Paris, 9 juillet 1895, S. 97, 2, 313.

(2) Cass., 12 juin 1833; Cons. d'Etat, 20 février 1849.

(3) Cons. d'Etat, 19 novembre 1886, S. 88, 3, 41; 25 novembre 1892; Tr. Rouen, 11 mai 1882, R. 82, 246.

4**

sons sur la voie publique, sont tenus de se conformer aux arrêtés municipaux relatifs au balayage (1).

C'est au propriétaire qu'incombe l'obligation du balayage lorsqu'il habite une partie de la maison ou y entretient un concierge ; dans le cas contraire, le locataire habitant la maison entière est tenu du balayage (2).

338. — Pour l'établissement des trottoirs, les communes ont le droit de mettre une partie des frais à la charge des riverains sur les rues et places régulièrement alignées (3).

339. — Assez souvent, le balayage et l'entretien des trottoirs qui incombent aux riverains sont convertis en une taxe payable en numéraire, recouvrable comme les contributions directes (4).

340. — Les rues et passages ouverts sur un terrain privé, conservent leur caractère de propriété particulière et ne sont pas, au point de

(1) L. 5 avril 1884, art. 133 ; Cass., 25 octobre 1900, D. 01, 1, 427.

(2) Cass., 28 nov. 1868, S. 70, 1, 164 ; 29 mai 1880, S. 81, 1, 238.

(3) L. 7 juin 1845; comp. Décr. 27 octobre 1808.

(4) L. 25 juin 1841, art. 28; Cons. d'Et., 3 août 1877, S. 79, 2, 223, D. 77, 3, 100; L, 30 mars 1902, art. 58.

vue de la voirie, placés sous la surveillance de l'autorité municipale (1); mais lorsque ces voies ont été réellement ouvertes au public, les pouvoirs de l'autorité municipale pour la police, la sûreté et la salubrité, s'y appliquent (2).

341. — Il y a obligation pour les propriétaires d'immeubles urbains longeant la voie publique, de supporter : les plaques indicatives du nom des rues et des numéros des maisons; l'établissement des réverbères, poteaux télégraphiques et autres charges d'utilité générale (3).

342. — Les arrêtés municipaux prescrivant la fermeture pendant la nuit des maisons, allées et cours, sont obligatoires comme mesures de sécurité publique, à la ville (4).

343. — Une rue ou autre voie publique sur laquelle un propriétaire a fait des ouvertures et

(1) Cass., 16 février 1883, 21 mai 1886, S. 87, 1, 144.

(2) Cass., 23 janvier 1890, 20 mai 1892, S. 94, 1, 62, D. 93, 1, 299.

(3) L. 5 avril 1884, art. 97; c. Décr. 471; Cass., 8 juillet 1890, S. 91, 1, 437.

(4) Cass., 18 février 1864, S. 64, 1, 375, D. 64, 1, 451; Cons. d'Et., 5 mai 1865, S. 66, 2, 134; comp. Cass., 19 mai 1899, S. 01, 1, 55.

travaux, ne peut être supprimée sans son consentement (1).

344. — Dans les villes soumises au régime de la voirie de Paris, les façades des maisons doivent être grattées, repeintes ou badigeonnées au moins une fois tous les dix ans (2). Pour les autres villes, il n'y a pas de règles précises, mais il serait désirable que cette prescription de propreté fût observée partout.

§ 9e

Télégraphie

345. — L'État a le droit, moyennant indemnité, d'établir des supports pour les lignes télégraphiques et téléphoniques : 1o A l'extérieur des murs ou façades donnant sur la voie publique; 2o Sur les toits et terrasses des bâtiments,

(1) Caen, 7 juillet 1856, 27 avril 1857, 16 novembre 1874, R. 75, 25; Cons. d'Etat, 4 décembre 1891, S. 93, 3, 119.

(2) Décr. 26 mars 1852, art. 5. Des décrets ont assimilé à la voirie de Paris un grand nombre de villes, notamment celles suivantes : Amiens (12 mars 1853), Blois (12 janvier 1854), Caen (22 septembre 1854), Cherbourg (23 février 1859), Evreux (23 février 1859), Le Havre (18 mars 1867), Le Mans (23 novembre 1853), Rennes (2 décembre 1852), Rouen (12 mars 1853), St-Lô (23 février 1859).

à la condition qu'on y puisse accéder par l'extérieur ; 3° Sur le sol des propriétés non bâties et non fermées de murs ou autres clôtures équivalentes (1).

346. — L'établissement des conduits ou supports ne met aucun obstacle au droit du propriétaire de démolir, réparer, surélever ou clore, mais il est obligé de prévenir un mois d'avance, par lettre chargée, le directeur départemental des télégraphes (2).

§ 10e

Chemins de Fer

347. — Pour la sûreté de la circulation des chemins de fer, il est défendu : 1° D'élever aucune construction, autre qu'un mur de clôture, dans une distance de 2 mètres ; 2° Lorsque la voie est en remblai de plus de 2 mètres au-dessus du terrain naturel, de pratiquer des excavations dans une zone de largeur égale à la hauteur verticale du remblai, mesurée à partir du

(1) L. 28 juillet 1885, art. 3 et 10 ; comp. Cons. d'Et., 21 décembre 1900, S. 03, 3, 62.

(2) Même loi, art. 4.

pied du talus ; 3° D'établir à une distance de moins de 20 mètres des couvertures en chaume, des meules de paille ou de foin, et aucun dépôt de matières inflammables ; 4° De déposer, à moins de 5 mètres, des pierres ou objets non inflammables, à moins que la hauteur du dépôt n'atteigne pas celle du remblai du chemin de fer (1).

348. — Pour la distance des plantations, l'alignement, les chemins de fer sont assimilés aux grandes routes (2).

DEUXIÈME SECTION

SERVITUDES D'INTÉRÊT PRIVÉ

349. — Les servitudes légales privées s'appliquent au passage pour cause d'enclave, à l'écoulement des eaux, etc.

§ 1er

Passage

I. *Cause d'enclave*

350. — Le propriétaire dont les fonds sont

(1) L. 15 juillet 1845, art. 5 à 8, 11.

(2) L. 15 juillet 1845, art. 3 ; Cons, d'Etat, 27 février 1891, 2 avril 1897, S. 99, 3, 47.

enclavés et qui n'a sur la voie publique aucune issue, ou qu'une issue insuffisante pour l'exploitation, soit agricole, soit industrielle de sa propriété, peut réclamer un passage sur les fonds de ses voisins, à la charge d'une indemnité proportionnée au dommage qu'il peut occasionner (1).

Non seulement le passage pour cause d'enclave est demandable par le propriétaire, mais aussi par l'usufruitier et l'emphytéote (2).

351. — Le point de savoir si l'enclave existe, est une pure question de fait dont la solution appartient à l'appréciation souveraine du juge (3), ainsi : 1° Un terrain bordant la voie publique a pu être déclaré enclavé, parce que la pente vers cette voie excluait la possibilité d'établir un chemin praticable (4); 2° Une prairie ayant accès en suivant le lit d'un cours d'eau guéable n'offrant aucune difficulté, ni danger, n'est pas encla-

(1) C. civ., 682.

(2) Laurent, VIII, 74; Demolombe, XII, 600; Baudry-Lacantinerie et Chauveau, 1049.

(3) Cass., 17 janvier 1882, S. 82, 1, 206, D. 82, 1, 416 ; 10 janvier 1893.

(4) Cass., 30 janvier 1884, S. 86, 1, 343, D. 84, 1, 364 ; comp. Caen, 16 mars 1861, R. 61, 139, D. 61, 2, 167.

vée (1) ; 3° Un fonds auquel on accède par un mauvais chemin, n'est pas enclavé, s'il peut être remédié à cet état par des travaux faciles à exécuter (2).

352. — Du reste, le passage est dû seulement à la surface des fonds, de sorte que pour une mine ou carrière exploitée par des galeries souterraines, le propriétaire n'aurait pas le droit de réclamer un passage dans le sous-sol du fonds voisin, même en état de carrière (3).

353. — Régulièrement, le passage doit être pris du côté où le trajet est le plus court du fonds enclavé à la voie publique, et d'autre part, fixé dans l'endroit le moins dommageable à celui sur le fonds duquel il est accordé (4).

En cas de difficultés sur le trajet le plus court ou l'endroit le moins dommageable, elles seront

(1) Rouen, 9 mai 1889, R. 89, 95 ; comp. Cass., 27 avril 1881, S. 81, 1, 295 ; Daviel, 81.

(2) Rennes, 31 janvier 1880, S, 81, 2, 62, D. 80, 2, 205.

(3) Cass., 10 novembre 1891, S. 93, 1, 341, D. 92, 1, 83 ; Huc, IV, 394.

(4) C. civ., 683 ; Cass., 17 février 1886, S. 86, 1, 457, D. 87, 1, 303 ; Nancy, 30 octobre 1894, S. 97, 2, 190, D. 96, 2, 87 ; comp. Rouen, 14 juin 1869, R. 69, 333.

tranchées par expertise ou par le juge (1).

354. — Si l'enclave résulte de la division d'un fonds par suite d'une vente, d'un échange, d'un partage ou de tout autre contrat, le passage ne peut être demandé que sur les terrains qui ont fait l'objet de ces actes, excepté dans le cas où un passage suffisant ne pourrait être établi sur les fonds divisés (2).

355. — L'assiette et le mode de la servitude de passage pour cause d'enclave, sont déterminés par 30 ans d'usage continu. Les changements dans les besoins de l'exploitation pourraient amener une modification ou même un déplacement de l'assiette du passage (3).

356. — A défaut par les parties de s'entendre sur l'indemnité, elle sera fixée judiciairement, au besoin après expertise. Le meilleur règle-

(1) Comp. Cass., 7 mai 1879, S. 80, 1, 73 ; Demolombe, XII, 623 ; Aubry et Rau, § 243, note 21 ; Huc, IV, 395 ; Baudry-Lacantinerie et Chauveau, 1053.

(2) C. civ., 684, Cass., 6 janvier 1890, S. 90, 1, 392, D. 90, 1, 64 ; Rennes, 26 novembre 1895.

(3) C. civ., 685; Caen, 16 avril 1859, S. 59, 2, 652, D. 59, 2, 199 ; Orléans, 27 novembre 1885, D. 86, 2, 251.

ment d'indemnité consiste en une somme annuelle (1).

357. — L'action en indemnité est prescriptible, et le passage doit être continué, quoique l'action en indemnité ne soit plus recevable (2).

358: — Étant fondé sur une nécessité, le passage légal ne peut plus être réclamé, encore qu'il eût été exercé pendant plus de 30 ans, lorsque l'enclave vient à cesser, soit par l'établissement d'un chemin, soit par la réunion du fonds originairement enclavé à un héritage communiquant à la voie publique (3). En pareil cas, l'indemnité en capital qui aurait été payée pour le passage devrait être restituée (4).

II. *Tour d'Echelle*

359. — Sous la Coutume de Normandie, le

(1) Nancy, 30 octobre 1894, S. 97, 2, 190, D. 96, 2, 87 ; Baudry-Lacantinerie et Chauveau, 1059.

(2) C. civ., 685.

(3) Rouen, 16 février 1844, 13 décembre 1862, S. 63, 2, 174, D. 64, 2 33 ; Aubry et Rau, § 243, note 33 ; Laurent, VIII, 110 ; Huc, IV, 398 ; — *Contrà*, Caen, 1er décembre 1845 ; Cass., 21 avril 1875, 24 novembre 1880, S. 81, 1, 222, D. 81, 1, 71 ; Demolombe, XII, 642, disant que la servitude continue de subsister.

(4) Pardessus, 226 ; Solon, 332, Aubry et Rau, § 243, note 35.

tour d'échelle n'existait pas comme servitude légale, mais le bon voisinage accordait ce tour d'échelle et le passage pour la réparation des murs et des couvertures, moyennant indemnité à raison du préjudice éprouvé (1).

Le Code civil ne reconnaît pas la servitude légale de tour d'échelle ; toutefois, si un propriétaire est dans l'impossibilité de faire à sa maison les réparations nécessaires sans passer sur le fond voisin, il doit y être autorisé, sauf indemnité des dommages qui pourraient être causés (2).

III. *Chemin impraticable.*

360. — Toute personne peut passer sur les héritages bordant une voie publique devenue impraticable, quand même il serait, à cet effet, nécessaire de les déclore, et quelque soit d'ailleurs leur état de culture. L'indemnité due aux

(1) Arrêt Parl., 4 août 1614 ; Godefroi, art. 607 ; Frigot, II, p, 396 ; Houard, *Dict.* V. TOUR D'ÉCHELLE ; Flaust, II, 907.

(2) Bordeaux, 20 décembre 1836 ; Pardessus, 227 ; Solon, 342 ; Aubry et Rau, § 238, note 10 ; Demolombe, XI, 424 ; Usages Ille-et-Vilaine, 34 ; — *Contrà*, Duranton, V, 316 ; Laurent, VIII, 123 ; Huc, IV, 400.

propriétaires des fonds traversés est, en pareil cas, à la charge de la commune (1).

IV. *Recherche d'objets.*

361. — Le propriétaire d'un essaim d'abeilles est autorisé à le poursuivre sur le fonds où il s'est posé, et à s'en rassaisir (2).

362. — De même celui qui a eu des objets enlevés par les eaux peut aller les retirer dans les fonds où ils ont été entraînés (3).

§ 2e

Ecoulement naturel des eaux

363. — Les fonds inférieurs sont assujettis envers les fonds plus élevés à recevoir, sans indemnité, les eaux qui en découlent naturellement, sans que la main de l'homme y ait contribué (4).

(1) L. 28 septembre 6 octobre 1791, tit. II. art. 41 ; Cass., 9 décembre 1885, S. 86, 1, 153. — Ceci s'applique au chemin rural classé comme au chemin vicinal (Cass., 10 mai 1881, S. 82, 1, 59, D. 81, 1, 449).

(2) L. 4 avril 1889, art. 9.

(3) Pardessus, 226 ; Aubry et Rau, § 243 ; Baudry-Lacantinerie et Chauveau, 1068.

(4) C. civ., 640.

Cette charge s'applique aux eaux pluviales et à celles provenant de la fonte des neiges, comme aux eaux d'infiltration et de source jaillissant naturellement (1).

364. — Le propriétaire inférieur est aussi obligé de recevoir les eaux d'une source que le propriétaire du fonds supérieur y a fait jaillir par des fouilles ou par des sondages, mais une indemnité est due par le dommage résultant de l'écoulement.

D'ailleurs, les maisons, jardins, parcs et enclos attenant aux habitations, ne peuvent être assujettis à aucune aggravation de servitude légale d'écoulement (2).

365. — Quant aux eaux ménagères ou industrielles, les fonds inférieurs ne sont pas tenus de les recueillir. Toutefois, s'il est impossible d'empêcher que les eaux de cette catégorie s'écoulent sur le fonds inférieur, il y a toujours lieu à indemnité pour le dommage causé (3).

(1) Cass., 13 juin 1814 ; Lyon, 30 novembre 1899, S. 02, 2, 145 ; Pardessus, 83 ; Huc, IV, 262 ; Laurent, VII, 358 ; Baudry-Lacantinerie et Chauveau, 822.

(2) C. civ., 641.

(3) Cass., 13 mars 1827, 8 janvier 1834, S. 34, 1, 169, D. 34, 1, 75 ; comp. Daviel, 901.

366. — Le propriétaire inférieur est tenu de recevoir avec les eaux découlant naturellement, les terres, sables ou pierres qu'elles entraînent (1).

Il lui est interdit d'élever des digues ou de faire tout autre travail qui, en empêchant l'écoulement naturel des eaux, les ferait refluer sur le fonds supérieur ou sur les héritages voisins (2).

Spécialement, si le propriétaire inférieur veut se clore par un mur, il devra pratiquer à la partie inférieure des ouvertures (ponceau, barbacanes), pour laisser aux eaux leur libre écoulement (3).

Au surplus, il ne serait pas tenu de faire disparaître les obstacles qui, s'étant formés naturellement sur un fonds, rendent plus ou moins difficile l'écoulement des eaux (4).

367. — De son côté le propriétaire supérieur

(1) Aubry et Rau, § 240, note 11 ; Demolombe, XI, 32.

(2) Cass., 4 juillet 1860, 22 janvier 1866, S. 66, 1, 68, D. 66, 1, 272.

(3) Cass., 22 juin 1867, S. 67, 1, 325, D. 67, 1, 503 ; Demolombe, XI, 32 ; Baudry-Lacantinerie et Chauveau, 824.

(4) Cass., 9 juillet 1883, S. 84, 1.231, D. 84, 1, 277 ; Aubry et Rau, § 240, note 14.

ne peut rien faire qui aggrave l'assujettissement du fonds inférieur, soit en donnant aux eaux un courant plus rapide, soit en les réunissant par des travaux (1), soit encore en les employant à des usages qui les corrompraient (2).

Mais, il faut entendre ceci de manière à laisser au propriétaire supérieur une certaine latitude pour l'exploitation et l'utilisation de son fonds, du moment où il n'en résulte pas un préjudice sérieux (3).

368. — La situation respective des propriétaires des fonds supérieurs et inférieurs, est susceptible de modification par l'effet soit d'une convention, soit de la prescription trentenaire (4).

Ainsi, le propriétaire inférieur acquerra par prescription un droit de servitude sur les eaux pluviales découlant du fonds supérieur, au moyen

(1) Rouen, 15 février 1890, R. 90, 50 ; Demolombe, XI, 38.

(2) Cass., 11 décembre 1860, 5 décembre 1887, S. 90, 1. 334 ; Rouen, 18 mars 1839, 7 juin 1841, D. 45, 2, 169, S. 45, 2, 338 ; Caen, 19 avril 1886.

(3) Cass., 19 avril 1886, 7 janvier 1895, S. 95, 1, 80, D. 95, 1, 72 ; Demolombe, XI, 39 ; Daviel, 757.

(4) Rouen, 27 mars 1890, R. 90, 101 ; Baudry-Lacantinerie et Chauveau, 829.

de travaux apparents exécutés par lui sur ce dernier fonds (1).

Il pourrait aussi se trouver libéré par prescription de la charge de recevoir ces mêmes eaux, par l'établissement sur son fonds d'un barrage les faisant refluer sur le fonds supérieur (2).

369. — Les propriétaires de terrains contigus à une voie publique ne sont pas tenus légalement de recevoir les eaux de toute nature qui découlent de cette voie, alors que le niveau en a été disposé par la main de l'homme ou qu'elles sont recueillies artificiellement dans des caniveaux (3).

§ 3e

Irrigations

370. — Tout propriétaire qui veut se servir, pour l'irrigation de ses propriétés, des eaux naturelles ou artificielles dont il a le droit de disposer, pour obtenir le passage de ces eaux sur les fonds intermédiaires, à la charge d'une

(1) Cass., 9 juillet 1883, S. 84, 1, 231.

(2) Cass., 10 novembre 1886, S. 90, 1, 447.

(3) Rouen, 6 août 1867, 22 février 1889, R. 89, 19 ; Daviel, 764.

juste et préalable indemnité. Sont exceptés de cette servitude les maisons, cours, jardins, parcs et enclos attenant aux habitations (1).

371. — La faculté de demander le passage des eaux, servitude d'acqueduc — n'appartient qu'au propriétaire des fonds à irriguer, et non au fermier (2).

372. — Cette servitude ne s'applique pas au passage des eaux qui seraient affectés à des usages domestiques ou industriels (3).

373. — Les tribunaux sont chargés d'apprécier l'utilité de l'opération d'irrigation pour accorder le passage en déterminant le volume d'eau nécessaire, comme aussi pour rejeter la demande lorsqu'elle paraît présenter plus d'inconvénients que d'avantages (4).

374. — D'un autre côté, les propriétaires des fonds inférieurs sont obligés de recevoir les eaux s'écoulant des terrains supérieurs dans

(1) L. 29 avril 1845, art. 1 ; comp. Cass., 29 mai 1877, S. 78, 1, 30.

(2) Aubry et Rau, § 241, note 4; Bertin, p. 64.

(3) Cass., 29 juin 1859, S. 59, 1, 766 ; Demolombe, XI, 205; Laurent, VII, 382; — *Contrà*, Proud'hon et Dumay, IV, 1452.

(4) Cass., 8 novembre 1854, S. 55, 1, 19; Demolombe, XI, 104.

lequels elles ont été amenées pour les besoins de l'irrigation (1).

375. — La servitude d'écoulement n'est accordée que sauf l'indemnité qui peut être due, et pour la fixation de laquelle on doit prendre en considération les avantages à retirer des eaux, par les propriétaires inférieurs (2).

376. — C'est le propriétaire des terrains irrigués qui doit faire à ses frais, sur les terrains inférieurs, les travaux nécessaires pour faciliter l'écoulement et diminuer autant que possible les dommages (3).

377. — Enfin la servitude d'écoulement n'affecte pas les maisons, cours, jardins, parc et enclos attenant aux habitations (4).

378. — Celui qui veut se servir pour l'irrigation de ses propriétés, quelle qu'en soit la nature (5), des eaux naturelles ou artificielles dont il a le droit de disposer, peut obtenir la

(1) L. 29 avril 1845, art. 2.

(2) Cass., 21 février 1894 ; S. 98, 1, 187 ; Demolombe. XI, 216 ; Aubry et Rau, § 241, note 19.

(3) C. civ., 698 ; Cass., 21 février 1894, précité ; Demolombe, XI, 218.

(4) L. 1845, art. 2.

(5) Cass., 20 décembre 1853, S. 54, 1, 250.

faculté d'appuyer sur la propriété du riverain opposé, les ouvrages d'art nécessaires à sa prise d'eau, à la charge d'indemnité préalable.

379. — Sont exceptés de cette servitude d'appui, les bâtiments, cours et jardins attenant aux habitations (1).

380. — Le riverain sur le fonds duquel l'appui est réclamé, a toujours la faculté de demander l'usage commun du barrage, en contribuant pour moitié aux frais d'établissement et d'entretien ; aucune indemnité n'est respectivement due en ce cas, et celle qui aurait été payée doit être rendue.

Quand l'usage commun n'est réclamé qu'après le commencement ou la confection des travaux. celui qui le demande doit supporter seul l'excédant de dépenses occasionné par les changements à faire au barrage pour le rendre propre à l'irrigation des deux rives (2).

381. — Les contestations auxquelles donneraient lieu les travaux et les indemnités relatives à l'irrigation, sont de la compétence des tribunaux civils, qui procèdent comme en ma-

(1) L. 11 juillet 1847, art. 1.

(2) L. 1847, art. 2.

tière sommaire, et peuvent, s'il y a lieu à expertise, nommer un seul expert (1).

§ 4°

Drainage

382. — Pour assainir son fonds par le drainage ou autre mode d'assèchement, tout propriétaire a la faculté, moyennant une juste et préalable indemnité, d'en conduire les eaux souterrainement ou à ciel ouvert, à travers les propriétés (pourvu qu'elles ne consistent pas en maisons, cours, jardins, parcs et enclos attenant aux habitations) qui séparent ce fonds d'un cours d'eau ou de toute autre voie d'écoulement (2).

383. — Les propriétaires de fonds voisins ou traversés, ont la faculté de se servir, pour l'écoulement des eaux de leurs fonds, des travaux de drainage faits par un autre propriétaire, à la charge par eux de supporter : 1° Une part proportionnelle dans la valeur des travaux dont ils profitent ; 2° Les dépenses résultant des modifications que l'exercice de cette faculté peut ren-

(1) L. 29 avril 1845, art. 4 ; L. 11 juillet 1847, art. 3 ; Rouen 20 août 1873, S. 74, 2, 21.

(2) L. 10 juin 1854, art. 1 ; 17 juillet 1856.

dre nécessaires ; 3° Et, pour l'avenir, une part contributive dans l'entretien des travaux devenus communs (1).

384. — Les associations de propriétaires qui désirent au moyen de travaux d'ensemble, assainir leurs propriétés par le drainage, ou tout autre mode d'assèchement, ont la faculté de demander à être constitués en syndicats, par arrêtés préfectoraux, afin que les travaux qu'elles voudraient exécuter puissent être déclarés d'utilité publique (2).

385. — En ce qui concerne les contestations auxquelles donnent lieu le mode d'assèchement et l'exercice de la servitude, la fixation du parcours des eaux, l'exécution des travaux de drainage ou d'assèchement, les indemnités et les frais d'entretien, elles sont en premier ressort de la compétence du juge de paix du canton qui doit, en prononçant sur les difficultés dont il est saisi, concilier les intérêts de l'opération, avec le respect dû à la propriété (3).

(1) L. 1854, art. 2.

(2) L. 10 juin 1854, art. 3 et 4 ; comp. L. 21 juin 1865, Décr. 9 mars 1894.

(3) L. 1854, art. 5 ; comp. Cass., 11 décembre 1860, S. 61, 1, 663.

§ 5e

Eau de source

386. — Celui qui a une source dans son fonds est libre d'en user à sa volonté, dans les limites et pour les besoins de son héritage (1).

387. — Tout propriétaire peut faire, dans son fonds, les fouilles et sondages qu'il juge à propos : les eaux qu'il a amenées à la surface lui appartiennent (2), et si les travaux coupent les veines qui portaient l'eau dans d'autres fonds, il n'en est nullement responsable (3).

388. — Le propriétaire de la source n'a plus la liberté d'en disposer au préjudice du propriétaire inférieur, lorsque celui-ci a acquis contre lui un droit à l'usage de l'eau (4).

389. — Le droit à l'usage de l'eau peut résulter d'un titre émanant du propriétaire de la source (5).

(1) C. civ., 642 ; comp. Cass., 29 avril 1873, S. 73, 1, 377.

(2) Cass., 4 décembre 1860, S. 61, 1, 623, D. 61, 1, 149.

(3) Cass., 9 juillet 1837, 8 février 1858, 14 février 1882, S. 83, 1, 253, D. 83, 1, 197.

(4) C. civ., 641, 642.

(5) Cass., 29 avril 1873, S. 73, 1, 377 ; 8 mars 1887, S. 88. 1, 109 ; Aubry et Rau, § 244, note 24.

390. — La prescription résulte d'une jouissance non interrompue pendant l'espace de trente années, à compter du jour où le propriétaire du fonds inférieur a fait et terminé, sur le fonds supérieur, des ouvrages apparents et permanents destinés à utiliser les eaux ou à en faciliter le passage dans sa propriété (1).

391. — Cette condition n'est exigée que dans l'intérêt du fonds supérieur lui-même, et non dans celui du propriétaire d'un fonds contigu intermédiaire qui prétendrait à l'usage exclusif des eaux (2) ; pour lui, il ne s'agit plus d'une source, mais bien d'eau courante.

392. — Si le fonds sur lequel la source naît et prolonge son cours est morcelé par vente ou partage, l'état des choses existant au moment de la séparation et que les parties ont réciproquement accepté, doit, en général, être maintenu à titre de destination du père de famille (3).

393. — Lorsque dès la sortie du fonds où elles naissent, les eaux de source forment un

(1) C. civ., 642; 2229 ; comp. Cass., 27 novembre 1888, S. 89 1, 101 ; 17 octobre 1899, S. 01, 1, 40 ; Caen, 18 janvier 1831.

(2) Caen, 2 mars 1876, R. 76, 155.

(3) Cass., 14 février 1882, S. 83, 1, 253.

cours d'eau offrant le caractère d'eaux publiques et courantes, le propriétaire ne peut les détourner de leur cours naturel au préjudice des usagers inférieurs (1).

394. — D'autre part, lorsqu'une source est captée par une ville pour l'alimentation de ses fontaines, les riverains du cours d'eau qu'elle avait formé, particulièrement les usiniers ont toujours une indemnité qui est fixée par le Conseil de préfecture (2).

395. — Quand l'eau d'une source est nécessaire aux habitants d'une commune, village ou hameau, le propriétaire se trouve privé du droit d'en changer le cours ; mais, si les habitants n'en ont pas acquis ou prescrit l'usage, ils doivent une indemnité, réglée par experts (3).

396. — Une source dont l'eau est nécessaire à l'alimentation d'une ville est expropriable pour cause d'utilité publique (4).

(1) C. civ., 643.

(2) Cons. d'État, 11 mai 1883, 5 mai 1893, 9 août 1893, S. 95, 3, 79.

(3) C. civ., 642 ; comp. Cass., 7 décembre 1903, S. 04, 1, 115 ; Caen, 16 août 1883, R. 84, 45 ; Aubry et Rau, § 244, note 28 *ter* ; Baudry-Lacantinerie et Chauveau, 847.

(4) L. 3 mai 1841 ; L. 15 février 1902 ; Cass., 10 juin 1884, S. 85, 1, 497, D. 85, 1, 165.

397. — Le droit appartenant à tout propriétaire de faire des fouilles dans son fonds, a pour limite l'obligation de ne causer méchamment aucun dommage à autrui dans ses sources, notamment en détournant les veines d'alimentant des puits particuliers, ou des fontaines publiques (1).

398. — Une autorisation administrative est d'ailleurs nécessaire pour faire des fouilles ou sondages dans un fonds faisant partie du périmètre de protection d'une source déclarée d'utilité publique (2) (N° 136).

§ 6e

Eau de pluie

399. — L'eau de pluie appartient au propriétaire du terrain sur lequel elle tombe ; il a le droit de la retenir sur son fonds, de la céder à un tiers, ou de la laisser couler sur les fonds inférieurs, suivant la pente naturelle du terrain (3).

(1) Cass., 14 février 1882, 10 juin 1902, S. 03, 1, 11 ; comp. Cons. d'Et., 8 juillet 1898, S. 1900, 3, 94.

(2) L. 14 juillet 1856, 15 février 1902, art 10.

(3) C. civ., 641 ; Cass., 16 janvier 1865, S. 65, 1, 152, D. 65, 1, 183 ; comp. Caen, 26 février 1844, S. 44, 2, 335.

400. — Evidemment, le propriétaire supérieur peut s'interdire le droit de disposer des eaux pluviales au détriment des propriétaires de fonds inférieurs (1).

401. — Il est défendu au propriétaire du fonds sur lequel tombe l'eau de pluie, de faire aucun travail pour déverser sur le fonds du voisin l'eau qui n'y coulerait pas naturellement (2).

402. — L'eau de pluie tombant ou coulant sur la voie publique, devient la propriété du premier occupant (3), à moins que l'administration n'ait concédé à un particulier l'usage exclusif de cette eau (4).

403. — Les travaux faits par un riverain pour s'approprier l'usage de l'eau de pluie coulant sur la voie publique, ne privent pas les autres riverains du droit d'exécuter de sem-

(1) Caen, 22 février 1857, S. 57, 2, 402; Pardessus, 103; Aubry et Rau, § 245, note 1.

(2) Aubry et Rau, § 195; Demolombe, XI, 25.

(3) Cass., 30 octobre 1835, S. 36, 1, 213; Caen, 26 février 1844, S. 44, 2, 335, D. 45, 4, 479.

(4) Aubry et Rau, § 245, note 5; Pardessus, 79; Daviel, III, 802; — *Contrà*, Demolombe, XI, 116.

blables travaux (1), sauf convention contraire entre les riverains (2).

§ 7e

Eau courante

404. — On entend par eau courante les petites rivières et ruisseaux, ce qui exclut : 1° Les rivières navigables ou flottables dépendant du domaine public ; 2° Les canaux, étangs et réservoirs constituant des propriétés privées.

405. — Le lit des cours d'eau non navigables ni flottables, appartient maintenant aux riverais (3), mais non la masse fluide.

Si les deux rives appartiennent à des propriétaires différents, chacun a la moitié du lit, sauf titre contraire (4).

406. — Celui dont le fonds est traversé par un cours d'eau, a la faculté d'en user comme bon lui semble, et même de le détourner, tant pour

(1) Caen, 22 avril 1863 ; Aubry et Rau, § 245, note 6.

(2) Cass., 13 janvier 1891, S. 91, 1, 302 ; Caen, 22 février 1858, S. 57, 2, 204.

(3) L. 8 avril 1898, art. 3.

(4) Cass., 21 février 1893, S. 94, 1, 74, D. 93, 1, 319 ; 10 mai 1899, S. 1900, 1, 190, D. 1901, 1, 361.

l'irrigation que pour tous autres usages d'utilité ou d'agrément, à la charge de rendre l'eau à son cours ordinaire à la sortie de son fonds (1).

Le propriétaire traversé par un cours d'eau, est assurément libre d'appuyer sur les deux rives tous ouvrages qu'il juge nécessaire d'établir pour user de l'eau (2).

407. — Quant à celui dont la propriété borde seulement une eau courante, il peut s'en servir pour l'irrigation, et autres usages non dommageables (3).

408. — Si la propriété vient à être divisée par vente, échange ou partage, l'usage des eaux profite aux parcelles devenues non riveraines (4) lorsque la réserve en est faite dans l'acte.

409. — La prise d'eau par le riverain peut avoir lieu sur un fonds supérieur, avec le consentement du propriétaire (5).

(1) C. civ., 644; L. 8 avril 1898, art. 2; Rouen, 20 décembre 1876, R. 77, 47.

(2) Cass., 25 novembre 1857, S. 58, 1, 455; Demolombe, XI, 165.

(3) C. civ. 644; Besançon, 10 février 1864, S. 64, 2, 217, D. 64, 2, 236; Daviel, 541.

(4) C. civ., 644; Besançon, 4 juillet 1840, S. 43, 1, 319; Demolombe, XI, 154; Aubry et Rau, § 246, note 11; Proudhon, 1259; Daviel, 770; — *Contrà*, Pardessus 106; Huc, IV, 280.

(5) Cass., 21 novembre 1864, S. 65, 1, 21.

410. — Le riverain d'un seul côté est autorisé à acquérir le droit d'appui sur le bord du riverain latéral, pour faciliter un travail sérieux d'irrigation (1).

411. — On ne peut refuser au riverain d'un seul côté le droit : 1° De se servir de l'eau pour de simples usages domestiques (2) ; 2° D'user de l'eau pour son industrie, à la condition de ne pas nuire aux autres riverains (3) ; 3° De pêcher jusqu'au milieu du cours d'eau (4) ; 4° D'extraire le limon et de récolter les roseaux (5).

412. — Les riverains d'un côté ou même des deux côtés ne peuvent : 1° Etablir des ouvrages qui feraient refluer l'eau sur les fonds riverains (6) ; 2° Déverser des immondices, débris d'usines ou autres matières nuisibles à la pureté de l'eau (7) ; 3° S'opposer au passage des bateaux (8).

(1) L. 11 juillet 1847, art. 2 ; Cass., 11 avril 1880.

(2) Cass., 10 décembre 1862, S. 63, 1, 77.

(3) Cass., 4 mai 1887, 17 janvier 1888, S. 88, 1, 149.

(4) L. 15 avril 1829, art. 2.

(5) L. 8 avril 1898, art. 3.

(6) Cass., 26 mars 1844 ; Caen, 22 mai 1866, R. 68, 200 ; Demolombe, XI, 170.

(7) Cass., 27 avril 1857 ; Rouen, 24 janvier 1868, R. 68, 221 ; comp. L. 15 février 1902, art. 20.

(8) Cass., 8 mars 1865 ; Rouen, 3 janvier 1866, S. 66, 2, 152 ; Demolombe, X, 147.

413. — Le droit des riverains sur les eaux courantes ne périt point par le non usage durant un temps plus ou moins long (1).

Néanmoins, il ne saurait être exercé au préjudice de personnes ayant obtenu par titre ou par prescription, l'usage partiel ou exclusif des eaux (2).

La prescription de l'usage exclusif d'un cours d'eau ne s'établit qu'à l'aide d'un barrage permanent (3).

414. — Du reste, les propriétaires riverains d'un cours d'eau sont toujours libres de déroger, par des conventions particulières, au droit d'user des eaux pour l'abreuvage du bétail (4).

415. — Les droits d'usage conférés aux riverains des cours d'eau ne peuvent s'exercer au détriment des concessions antérieures à 1789, faites à des particuliers, riverains ou non, notamment pour des moulins (5).

(1) Caen, 16 décembre 1876, R. 77, 61.

(2) Cass., 11 janvier 1881, 5 juillet 1881, S. 83, 1, 463, D. 83, 3,40; Rouen, 24 juillet 1873; Caen, 6 juillet 1864, 16 décembre 1876, R. 77, 61.

(3) Cass., 7 décembre 1885, S. 87, 1, 295, D. 86, 1, 247; 7 juin 1901, S. 01, 1, 496; Caen, 31 janvier 1840, R. 39, 630.

(4) Rouen, 1er juin 1881, R. 82, 1.

(5) Caen, 19 août 1837, S. 38, 2. 25; Cons. d'Etat, 15 mai 1844, 16 décembre 1881, S. 83, 3, 43, D. 83, 5, 180.

416. — A l'égard des concessions faites et des autorisations données depuis 1789, par l'autorité administrative, soit pour l'établissement d'usines, soit pour la dérivation des eaux, elles ont seulement pour effet de modifier le droit des riverains, sans les priver de la faculté de réclamer des dommages-intérêts pour le préjudice qu'ils éprouvent (1).

417. — Avant de prendre un arrêté revisant le règlement d'un barrage, le préfet doit faire procéder à une enquête dans toutes les communes intéressées (2).

La mission de l'administration préfectorale a pour but de régler l'usage des eaux dans l'intérêt de tous, par la disposition des écluses, barrages et autres travaux destinés à assurer une bonne répartition de la masse fluide (3).

418. — D'un autre côté, les tribunaux civils sont appelés à trancher les difficultés qui s'élèvent entre les propriétaires, lorsqu'il n'existe ni

(1) Cass., 12 octobre 1886, 19 mars 1890, S. 90, 1, 220; Caen, 13 juillet 1878, R. 79, 265.

(2) Décr. 25 mars 1852, tableau D; 13 avril 1861.

(3) L. 8 avril 1898, art. 2 et 8; Cons. d'État, 28 juin 1895, S. 3, 109, D. 96, 3. 61; 2 février 1900, S. 02, 3, 46.

conventions entre parties, ni règlements administratifs généraux (1).

Pour le règlement d'eau, les tribunaux doivent d'abord respecter les droits acquis, par titre, par destination du père de famille ou par prescription (2); ensuite la masse fluide sera répartie proportionnellement aux besoins de chaque fonds (3).

419. — Les juges ont la faculté d'ordonner la construction d'ouvrages destinés à garantir aux parties le libre exercice de leurs droits; ils fixent les jours et heures pendant lesquels chaque propriétaire pourra irriguer, et prennent telles autres mesures qu'ils trouvent inutiles (4).

420. — Dans une instance en règlement d'eau, il est toujours utile de faire intervenir les riverains non parties au procès pour que la décision leur soit opposable; cependant cette mise en cause est purement facultive pour le tribunal (5).

(1) C. civ., 641, 645; Cass., 16 mai 1876, 19 juin 1877, 23 mars 1891, S. 95, 1, 111, D. 91, 5, 480.

(2) C. civ., 645; Cass., 19 décembre 1887, S. 88, 1, 149, 8 août 1900, S. 03, 1, 46.

(3) Cass., 19 juin 1897, 9 mai 1899, S. 1900, 1, 180, D. 1900, 1, 424.

(4) Cass., 8 janvier 1868, 11 mai 1868, S. 68, 1, 285.

(5) Cass., 19 juin 1897, S. 98, 1, 396, D. 97, 1, 556; Aubry et Rau, § 246; Baudry-Lacantinerie et Chauveau, 859.

§ 8e

Canal privé

421. — Les réservoirs et canaux particuliers ne sont soumis à aucuns droits de prise d'eau, d'appui ni de barrage, au profit des propriétaires riverains (1).

Notamment pour les usines, la propriété du canal d'amenée, du lit et de ses bords, comme du canal de fuite, doit être présumée appartenir au propriétaire de l'usine (2).

Cette présomption de propriété peut être combattue par titre (3).

422. - Le propriétaire d'un canal d'alimentation d'usine est tenu de l'entretien des berges, et de la réparation des dommages que les eaux causent aux riverains (4).

423. — La largeur des bords appartenant à

(1) C. civ., 546; Cass., 22 février 1843, 18 août 1863, 4 février 1873, S. 73, 1, 53; Caen, 13 août 1885, R. 86, 65.

(2) Caen, 3 février 1877, 15 juillet 1881, R, 82, 29; Cass., 9 juin 1868, S. 69, 1, 311; comp. cep. Cass., 8 novembre 1893, S. 96, 1, 27.

(3) Rouen, 16 juillet 1870, R. 70, 206.

(4) Caen, 3 juillet 1833, 9 janvier 1843, R. 43, 55.

l'usinier se détermine d'après la possession respective des parties (1).

424. — Les riverains d'un canal artificiel peuvent acquérir un droit de prise d'eau, soit par titre, soit encore par prescription, toutes les fois qu'ils ont pratiqué dans le canal des travaux destinés à faciliter la chute et le cours de l'eau dans leurs héritages (2), ou son usage, par une vanne d'irrigation, un lavoir (3).

La présomption de propriété des canaux de main d'homme est étrangère au canal rectificatif du lit d'une rivière (4), et au canal dans lequel le trop plein du bief du moulin est déversé pour servir à l'irrigation des fonds qu'il traverse (5).

§ 9e

Canal d'intérêt général

425. — En dehors des canaux de navigation et des canaux privés, il existe une catégorie de

(1) Cass., 27 mars 1832.

(2) Caen, 3 janvier 1884, R. 85, 134.

(3) Caen, 3 juillet 1833, R. 41, 413.

(4) Caen, 13 février 1880, 13 août 1885, R. 86, 65 ; Caas., 7 juin 1893, S. 93, 1, 292.

(5) Cass., 8 nov. 1869, S. 70, 1, 429, D. 70, 1, 163.

canaux d'intérêt général pour l'irrigation, le dessèchement, etc. (1).

Ces derniers sont construits et entretenus par des associations syndicales autorisées (2).

426. — Les propriétaires qui ne voudraient pas adhérer à l'association peuvent, dans le délai d'un mois, déclarer à la préfecture qu'ils entendent délaisser, moyennant indemnité, les terrains leur appartenant et compris dans le périmètre des travaux à exécuter.

L'indemnité est fixée comme en matière d'expropriation publique (3).

427. — Des servitudes peuvent être établies au profit des associations syndicales pour la conduite et l'écoulement des eaux, le passage, etc. (4).

(1) L. 14 floréal an XI, 16 septembre 1807, 10 juin 1854.

(2) L. 21 juin 1865, 22 décembre 1888.

(3) L. 21 mai 1836, art. 16.

(4) L. 21 juin 1865, art. 19.

CHAPITRE QUATRIÈME

SERVITUDES ÉTABLIES PAR L'HOMME

428. — La servitude est une charge imposée sur un héritage pour l'usage, l'utilité ou l'agrément d'un héritage appartenant à un autre propriétaire (1).

L'héritage auquel la servitude est due s'appelle *fonds dominant* ; celui qui la doit est désigné sous le nom de *fonds servant* ou *fonds assujetti*.

429. — Il n'y a de véritables servitudes que celles résultant du fait de l'homme : toutes les autres appelées naturelles ou légales constituent le droit commun de la propriété foncière, et sont plutôt des limitations normales de la propriété que des servitudes proprement dites (2).

430. — Les chemins, rues, fleuves et autres biens dépendant du domaine public, ne peuvent, tant qu'ils n'ont pas été désaffectés, être grevés de servitudes au profit des tiers (3).

(1) C. civ. 637, 686.

(2) C. civ., 639, 649.

(3) C. civ., 538, 541 ; Cass., 1er août 1856, S. 57, 1, 151 ; comp. Cass., 17 juillet 1849, S. 49, 1, 695, D. 49, 1, 315 ; Duranton, IV, 189 ; Pardessus, 43.

PREMIÈRE SECTION

RÈGLES GÉNÉRALES

431. — Cette section est consacrée à la division des servitudes, à leur mode d'établissement et à la situation qui en résulte pour les deux fonds.

§ 1er

Divisions des servitudes

I. *Distinctions*

432. — Tout propriétaire peut imposer à son fonds, au profit d'un fonds appartenant à une autre personne, telles servitudes que bon lui semble, pourvu que les services ne présentent rien de contraire à l'ordre public et ne soient ni imposés à la personne, ni créés en faveur de la personne (1).

433.— Constituent des servitudes : 1° Le droit, concédé par un acte de partage d'immeubles à l'un des lots, d'extraire de la marne sur un immeuble d'un autre lot (2) ; 2° Le droit d'ex-

(1) C. civ., 686 ; comp. Caen, 17 février 1837 ; R. 37, 187.
(2) Orléans, 7 avril 1897, S. 99, 2, 279.

traction de terre ou de matériaux dans l'intérêt de l'industrie du propriétaire d'un fonds spécialement aménagé à cet effet (1); 3° La faculté, stipulée dans un acte de vente, pour les particuliers voisins d'abreuver leurs bestiaux et de puiser de l'eau, à la mare faisant l'objet de cette vente (2).

434. — Il se rencontre souvent dans les ventes par lots de terrains à bâtir, des conditions et charges particulières pour les constructions, au point de vue de la symétrie architecturale, du retrait de maisons, etc. Ces clauses créent de véritables servitudes réciproques entre les divers lots (3).

435. — Ne sont pas des servitudes : 1° Les droits de chasse et de pêche établis sur un fonds au profit des propriétaires successifs d'un autre fonds (4); 2° Le droit pour une personne et ses successeurs à perpétuité, de faire moudre gratuitement à un moulin la farine destinée à la

(1) Demolombe, XII, 684 ; Aubry et Rau, § 247, note 7; Baudry-Lacantinerie et Chauveau, 1076. — *Contrà*, Huc, IV, 405.

(2) Cass., 2 août 1898, S. 99, 1, 75.

(3) Comp. Douai, 12 mars 1900, S. 04, 2, 130.

(4) Cass., 9 janvier 1891, S. 91, 1, 489, D. 91, 1, 89; Paris, 26 juin 1890; comp. Amiens, 19 août 1891, S. 91, 2, 248.

consommation de sa maison (1); 3° L'engagement par un propriétaire de ne pas exploiter son bien d'une certaine façon : extraction de pierre de taille, ouverture de cabaret (2) ; 4° La concession par une personne à une autre, de prendre les terres nécessaires à ses cultures de champignons (3) ; 5° La clause d'un acte de vente d'immeuble par laquelle le vendeur s'oblige à interdire aux acquéreurs de la portion de terrain lui restant, la faculté d'élever des constructions dans un rayon déterminé (4) ; 6° La prohibition d'exercer sur le fonds vendu une industrie rivale de celle exercée par le vendeur dans un autre fond (5) ; 7° L'interdiction d'établir une industrie bruyante ou incommode dans la maison que l'acquéreur a l'intention de construire sur le terrain acheté (6).

Il est toujours important de distinguer la servitude, droit réel, du droit purement personnel, par conséquent non transmissible.

(1) Pau, 16 juin 1890, S. 92, 2, 313, D. 91, 2, 185.

(2) Cass., 20 mars 1900, S. 1900, 1, 525 ; Amiens, 19 février 1851, D, 51, 2, 109.

(3) Cass., 24 décembre 1894, S. 98, 1, 523, D. 95, 1, 118.

(4) Cass., 6 février 1889, S. 92, 1, 509, D. 89, 1, 307.

(5) Cass., 8 juillet 1851, S. 51. 1, 599.

(6) Lyon, 30 décembre 1870, S. 72, 2, 17.

II. *Classifications*

436. — Que les servitudes soient urbaines ou rurales, c'est-à-dire établies en faveur d'un bâtiment ou d'un fond de terre, leur effet ne diffère pas (1).

437. — Les servitudes se divisent en continues et discontinues : les premières sont celles dont l'usage peut être continuel sans le fait actuel de l'homme, comme les vues, les égouts; les servitudes discontinues sont celles dont l'usage consiste dans des faits successifs exercés par le propriétaire dominant, tels sont les droits de passage, puisage (2).

438. — Les servitudes sont apparentes ou non apparentes : on entend par servitudes apparentes celles qui s'annoncent par des ouvrages extérieurs, tels que portes, fenêtres, acqueducs; et par servitudes non apparentes, celles qui n'ont pas de signe extérieur de leur existence, telle est la prohibition de bâtir ou

(1) C. civ., 687; Demolombe, XII, 705; Aubry et Rau, § 248, note 2; Planiol, 1, 1772.

(2) C. civ. 688.

d'élever un bâtiment au-delà d'une hauteur déterminée (1).

439. — Il y a des servitudes continues et apparentes : vues, égout des toits ; des servitudes continues, non apparentes ; aqueduc souterrain, interdiction de bâtir ; des servitudes discontinues apparentes : passage s'annonçant par un chemin macadémisé ; et des servitudes discontinues non apparentes ; abreuvage, pacage (2).

440. — On peut encore distinguer les servitudes en positives et négatives : la servitude positive donne au propriétaire du fonds dominant le droit de faire quelque chose, par exemple, de passer ; la servitude négative lui permet seulement d'exiger que le propriétaire du fonds servant s'abstienne de certains actes, comme de bâtir (3).

§ 2e

Établissement des servitudes

441. — Toutes les servitudes dérivant du fait de l'homme, sont susceptibles de s'établir par

(1) C. civ., 689.

(2) Comp. C. civ., 690, 691.

(3) Aubry et Rau, § 248, notes 14 et 15 ; Baudry-Lacantinerie I, 1560.

titre ; à défaut de titre, il peut y être suppléé, dans certains cas, soit par la prescription, soit par la destination du père de famille (1).

I. *Titres*

1° ACTE ORIGINAIRE

442. — L'usage et l'étendue de la servitude se règlent par le titre et avec les tempéraments voulus par les habitudes locales. En cas de doute, l'interprétation du titre appartient aux tribunaux (2).

443. — Le titre constitutif s'entend d'un acte de vente, donation, partage, testament, etc.

444. — A l'égard des tiers, les actes entre-vifs constitutifs de servitudes, notamment le partage, sont soumis à la transcription hypothécaire (3) ; entre les parties et leurs héritiers, cette formalité n'est pas nécessaire.

445. — Pour constituer une servitude, il faut

(1) C. civ., 690 à 694 ; comp. Cass., 10 novembre 1891, S. 93, 1, 285.

(2) C. civ., 688, 703 ; Cass., 8 mai 1901, S. 03, 1, 219.

(3) L. 23 mars 1855, art. 2; Pau, 26 janvier 1875, S. 75, 2, 216; Orléans, 7 avril 1897, S, 99, 2, 279; comp. Cass., 16 juillet 1901, S. 02, 1, 497; Planiol, I, 1853.

être capable d'aliéner le fonds qu'il s'agit de grever.

Ainsi, le mari en ce qui concerne les biens de sa femme, l'usufruitier, le domanier, et même l'emphythéote ne peuvent créer de servitudes que pour la durée de leur droit sur les immeubles affectés (1).

446. — Celui au profit de qui a lieu la constitution de servitude, doit être propriétaire d'un fonds distinct du fonds servant et suffisamment rapproché de ce dernier, pour pouvoir jouer le rôle de fonds dominant.

2° RECONNAISSANCE

447. — L'existence d'une servitude constituée par titre peut être prouvée, à défaut du titre primitif, soit au moyen d'un acte de reconnaissance émanant du propriétaire de l'héritage grevé (2), soit par l'aveu de la partie (3), soit enfin par témoins et présomptions, s'il existe

(1) C. civ.. 686 ; L. 25 juin 1902, art. 9; Cass., 8 mai 1895, S. 95, 1. 272; Demolombe, XII, 811 ; Laurent, VIII, 174.

(2) C. civ., 695.

(3) Cass., 21 novembre 1881, 25 janvier 1893, Pand., 93, 1, 207, S. 93, 1, 244, D. 93, 1, 82 ; Dijon, 2 août 1894, D. 95, 2, 331.

un commencement de preuve par écrit (1).

448. — Pour que le titre recognitif émané du propriétaire du fonds asservi tienne lieu de l'acte primitif, aucune règle particulière n'est prescrite au point de vue de la forme (2).

449. — Il n'est pas nécessaire que l'acte recognitif soit accepté par le propriétaire de l'héritage dominant. Par exemple, l'assujetti vendant son fonds déclare à son acquéreur, dans l'acte de vente, que ce fonds est grevé d'une servitude de passage, établie dans telle condition au profit de telle personne; cette clause pourra être invoquée par le propriétaire dominant (3).

450. — Quand le propriétaire dominant demande un titre recognitif direct, il est obligé d'en payer les frais, sinon le grevé peut refuser de la souscrire (4).

(1) Cass., 16 juin 1890, S. 90, 1, 385; Caen, 18 mai 1870, 9 novembre 1876, R. 77, 57; Angers, 19 janvier 1843, S. 43, 2, 340.

(2) Cass., 2 mars 1836, 23 mai 1855, S. 57, 1, 123; Dijon, 17 juillet 1891, sous Cass., S. 93, 1, 244.

(3) Cass., 16 nov. 1829; Rouen, 20 mars 1868, R. 68, 80; Chambéry, 13 juillet 1874, S. 75, 2, 313; Demolombe, XII, 757 *bis*; Laurent, VIII, 152; comp. Paris, 5 mars 1896, S. 99, 2, 210, D. 96, 2, 423.

(4) Pardessus, 296; Solon, 569; Demolombe, XII, 756.

451. — Lorsque l'acte recognitif s'applique à une convention antérieure à 1856, il se trouve dispensé de transcription (1).

II. *Prescriptions*

452. — A défaut de production du titre de la servitude, si elle est continue et apparente, le titulaire pourra invoquer la prescription de trente ans (2).

453. — Pour les servitudes apparentes et discontinues, comme pour celles continues mais non apparentes, la prescription, même immémoriable, ne saurait les faire acquérir (3).

Toutefois, rien n'empêche qu'on acquière par la prescription la copropriété d'un terrain uniquement affecté à l'usage d'une servitude, par exemple d'un passage sur lequel des travaux d'empierrement auraient été faits (4).

454. — Du reste, on ne peut attaquer aujour-

(1) Nancy, 16 novembre 1889, S. 91, 2, 161 ; comp. L. 23 mars 1855, art. 11.

(2) C. civ. 690 ; Cass., 10 décembre 1834, S. 35, 1, 24.

(3) C. civ. 691 ; Cass., 6 juillet 1891, S. 92, 1, 55 ; 12 juillet 1874, S. 98, 1, 486.

(4) Cass., 26 décembre 1871, 7 février 1883, S. 84, 1, 320, D. 84, 1, 128.

d'hui les servitudes discontinues, apparentes ou non apparentes, acquises par la possession avant le Code de 1804 (1), mais cette disposition est étrangère à la Normandie, dont la loi municipale n'admettait nulle servitude sans titre (2).

455. — A l'égard du tiers détenteur, comme à l'égard de tous autres, la prescription trentenaire est la seule permettant d'acquérir une servitude (3).

456. — Les actes de bon voisinage, de tolérance ne peuvent servir de fondement à la prescription (4).

Cependant l'autorisation donnée d'établir une ouverture ou toute autre servitude continue et apparente, sous la condition de la supprimer sur simple invitation, présenterait un danger soit en cas de perte de l'écrit, soit en cas de vente de la propriété pour laquelle la tolérance a été accordée.

(1) C. civ, 691.

(2) Cout. Norm., 607; *adde*, cout. Paris, 186; cout. Clermont, 216. En Bretagne, les servitudes discontinues pouvaient s'acquérir par la possession de 40 ans (cout. 282).

(3) Cass., 10 décembre 1834; Caen, 10 mars 1855, R, 55, 176, Solon 397; Demolombe, XII, 781.

(4) C. civ., 2232.

III. *Destination du père de famille.*

457. — La destination du père de famille est l'acte, le fait, par lequel le propriétaire de deux héritages établit entr'eux un rapport permanent qui constituerait une servitude s'ils appartenaient à deux maîtres différents.

458. — Pour les servitudes continues et apparentes, la destination du père de famille vaut titre, lorsqu'il est prouvé que les deux fonds actuellement divisés ont appartenu au même propriétaire, et que c'est par lui que les choses ont été mises dans l'état duquel résulte la servitude (1).

459. — En ce qui concerne les servitudes apparentes mais discontinues, quand par suite d'un acte de disposition, deux héritages appartenant au même propriétaire sont divisés, et qu'au moment de leur séparation, il existe entre eux un signe apparent et précis de servitude, la charge manifestée par ce signe, revêt désormais le caractère de servitude, pourvu que l'acte d'a-

(1) C. civ., 692, 693; Caen, 23 janvier 1843, R. 43, 89; Cass., 30 octobre 1894, 8 mai 1895, S. 95, 1, 272.

liénation ou de disposition ne renferme aucune convention spéciale contraire (1).

460. — Il y a marque précise de servitude dans l'établissement : 1° d'une tranchée pour la direction d'un cours d'eau (2) ; 2° d'un barrage pour une prise d'eau (3) ; 3° d'une porte pour un passage (4) ; 4° d'une terrasse permettant de voir sur la propriété voisine (5).

Au surplus, les juges apprécient en fait le signe invoqué comme preuve de servitude (6).

461. — Les servitudes acquises par destination du père de famille sont opposables aux tiers sans qu'il y ait eu transcription d'acte (7).

(1) C. civ.. 694 ; Cass.. 8 novembre 1886, 1er août 1887, 6 décembre 1898, 3 décembre 1901, S. 02, 1, 282 ; Caen, 15 novembre 1836, 6 décembre 1861, R. 62, 155 ; Rouen, 20 mars 1869, 16 juillet 1885 ; Baudry-Lacantinerie et Chauveau, 1123.

(2) Cass., 2 avril 1854, S. 55, 1, 117, D. 54, 1, 272 ; comp. Cass., 29 mai 1895, S. 95, 1, 415.

(3) Cass., 22 mars 1892, 23 novembre 1898, S. 99, 1, 260 ; Huc, IV, 409 ; Baudry-Lacantinerie et Chauveau, 1086.

(4) Cass., 30 octobre 1894, S. 95, 1, 414 ; 6 décembre 1898. S 1900, 1. 491.

(5) Cass., 8 Janvier 1901, S. 02, 1, 285.

(6) Caen, 8 Juin 1840, 25 novembre 1841, 10 mai 1899, S. 1900. 1, 190 ; Rouen, 27 Janvier 1881, S. 84, 2, 165 ; comp. Cass., 27 avril 1887, S. 90, 1, 479.

(7) Cass., 11 novembre 1897, S. 1900, 1, 310 ; Baudry-Lacantinerie et Chauveau, 1125.

§ 3e

Droits du propriétaire dominant

462. - Le propriétaire ou usufruitier (1) de l'héritage dominant exerce son droit dans toute l'étendue que comportent, d'après l'usage local, les servitudes du genre de celle qui se trouve établie au profit de cet héritage.

Toute servitude emporte avec elle la faculté d'exercer les servitudes accessoires qui sont indispensables à l'usage de la servitude principale. Ainsi, l'établissement d'une servitude de puisage entraîne le droit au passage nécessaire pour arriver au puits servant (2).

463. — Celui auquel une servitude est due, a le droit de faire tous les ouvrages nécessaires pour en user et pour la conserver (3).

Ces ouvrages sont à ses frais et non à ceux du propriétaire du fonds assujetti, à moins qu'ils n'aient été rendus nécessaires par le fait de ce propriétaire (4).

(1) C. civ., 597 ; comp. Caen, 13 novembre 1885, S. 87, 2, 161.
(2) C. civ., 696.
(3) C. civ., 697.
(4) C. civ., 698 ; Caen, 26 mai 1837, R. 37, 440.

464. — Dans le cas même où le propriétaire du fonds servant est chargé, par le titre, de faire à ses frais les ouvrages nécessaires pour l'usage ou la conservation de la servitude, il peut toujours s'affranchir de la charge par l'abandon au propriétaire du fond dominant, de la partie du fonds assujetti nécessaire pour l'exercice de la servitude (1).

Cet abandon est fait par acte soumis à la transcription hypothécaire (2).

465. — La servitude ne saurait être détachée sous une forme quelconque, du fond dominant, pour être reportée sur d'autres fonds appartenant soit à des tiers, soit même au propriétaire de l'héritage dominant (3). Elle suit toujours le fonds dominant, dans lequel elle se confond, sans pouvoir être vendue ni louée séparément (4).

(1) C. civ., 699 ; Huc, IV, 432 ; Duranton, V, 615 ; Aubry et Rau, § 253, note 10.—La partie du fonds assujettie n'est pas toujours facile à déterminer; il faut apprécier les circonstances en équité (Pardessus, 316 ; Demolombe, XII, 882).

(2) L. 23 mars 1855, art. 2.

(3) Cass., 5 juillet 1900, S. 02, 1, 502 ; Aubry et Rau, § 253, note 13 ; Demolombe, XII, 670.

(4) Caen, 9 mai 1823 ; Pardessus, 33 ; Demolombe, XII, 670, 847.

466. — L'exercice de la servitude ne doit pas excéder les besoins de l'héritage dominant, eu égard à son étendue à l'époque où elle a été constituée (1).

467. — De même encore, la servitude ne peut être exercée que pour les besoins en vue desquels elle a été établie ; par exemple, celui qui a une servitude de prise d'eau pour l'irrigation, n'est pas autorisé à en user pour l'alimentation d'une usine (2).

468. — Le propriétaire dominant, tout en n'usant de la servitude que pour les besoins en vue desquels elle a été créée, est, en outre, tenu de s'abstenir de tous changements de nature à aggraver la condition du fonds servant (3).

469. — D'ailleurs, les règles précédentes sont susceptibles de certaines modifications résultant du titre, de la possession ou de la destination du père de famille.

(1) Caen, 5 décembre 1827 ; Aubry et Rau, § 253, note 14.

(2) Cass., 5 mai 1857, S. 57, 1, 335 ; Demolombe, XII, 849.

(3) C. civ., 702 ; comp. Rouen, 11 mars 1846, S. 46, 2, 472 ; 3 décembre 1864 ; Caen, 27 août 1842, S. 43, 2, 101 ; 7 novembre 1883, R. 84, 182 ; Cass., 18 décembre 1894, S. 98, 1, 486 ; 23 décembre 1901, S, 02, 1, 398.

Quand la servitude a été constituée par un acte entre-vifs ou à cause de mort, c'est, en premier lieu, aux clauses du titre qu'il faut s'attacher pour déterminer l'étendue et le mode d'exercice de cette servitude (1).

Si la servitude a été acquise par prescription, son étendue et ses effets se déterminent d'après la possession (2).

Lorsque la servitude a été établie par destination du père de famille, il faut s'attacher à l'intention présumable du propriétaire qui a mis les choses dans l'état d'où résulte la servitude (3).

470. — Si l'héritage dominant vient à passer d'un propriétaire unique à plusieurs propriétaires, chacun de ces derniers est en droit d'exercer la servitude, à charge d'en user de manière à ne point aggraver la condition du fonds servant (4).

Ainsi, une servitude de passage constituée au profit d'un fonds qui appartenait originairement

(1) Cass., 28 juin 1865, S. 65, 1, 339; Caen, 26 mai 1837; Demolombe, XII, 866; Aubry et Rau, § 253, note 20.

(2) Comp. Cass., 1er juillet 1861, S. 62, 1, 81.

(3) Cass., 26 juillet 1831; Demolombe, XII, 868.

(4) C. civ., 700; Aubry et Rau, § 253, note 28; comp. Cass., 8 novembre 1886, S. 87, 1, 455.

à une seule personne, peut être exercée par tous les copropriétaires actuels de ce fonds, ou par les propriétaires exclusifs des différents lots qui le composent, seulement ils doivent tous pratiquer le passage par le même endroit (1).

§ 4e

Obligations du propriétaire servant

471. — Si la servitude est négative, le propriétaire de l'héritage servant doit s'abstenir des actes de disposition ou de jouissance qu'elle a pour but d'empêcher; et si elle est affirmative il est tenu de souffrir, de la part du propriétaire de l'héritage dominant, tout ce qu'elle autorise ce dernier à faire (2).

472. — Dans l'un ou l'autre cas, il lui est interdit de rien entreprendre qui soit de nature à diminuer les avantages de la servitude, ou à en rendre l'exercice moins commode (3)

Ainsi, le propriétaire d'un fonds grevé d'une servitude de passage ne peut mettre en culture

(1) C. civ., 700; Demolombe, XII, 860 ; Laurent, VIII, 280.

(2) Aubry et Rau, § 254 ; Demolombe, XII, 891.

(3) C. civ., 701 ; comp. Cass., 16 avril 1890, S. 91, 1, 375.

la bande de terrain sur lequel le passage s'effectue (1).

Et le propriétaire d'une cour grevée d'une servitude de vue, n'est pas en droit de faire couvrir cette cour d'un vitrage établi au-dessus des croisées par lesquelles s'exerce la vue (2).

473. — Toutefois, le propriétaire de l'héritage servant conserve l'exercice de toutes les facultés inhérentes à la propriété (3).

C'est ainsi que le fonds grevé d'une servitude de passage peut être clos, pourvu que l'exercice de la servitude ne soit pas gêné.

Le fonds grevé d'un passage peut aussi être couvert de constructions, à la condition de lui laisser la hauteur, la largeur, la lumière et l'air nécessaires à son exercice (4).

474. — Le propriétaire de l'héritage servant a la faculté, imprescriptible (5), de demander le déplacement à ses frais, de l'assiette de la servi-

(1) Metz, 19 janvier 1858, S. 58, 2, 460.

(2) Cass., 15 janvier 1840, S. 40, 1, 251.

(3) Cass., 3 novembre 1897, S. 98, 1, 335.

(4) Cass., 27 octobre 1890, S. 91, 1, 28; Rouen, 22 mai 1837, S. 56, 2, 666, note.

(5) Demolombe, XII, 905; Aubry et Rau, § 254, note 13 comp. Cass., 19 juin 1882, S. 84, 1, 120, D. 83, 1, 288.

tude (notamment d'un passage), lorsque l'assignation préventive lui est devenue plus onéreuse ou l'empêche d'améliorer son fonds, à la condition d'offrir au propriétaire dominant un endroit aussi commode pour l'exercice de la servitude (1).

Le déplacement de l'assiette de la servitude est fait d'accord entre les deux propriétaires, et constaté par écrit ; en cas de désaccord, le juge apprécie si le changement d'assiette doit avoir lieu (2).

DEUXIÈME SECTION

PRINCIPALES SERVITUDES

475. — Les servitudes s'appliquent notamment au passage, au puisage, à l'égout, au pressurage, au pacage, à la vue, aux plantations, etc.

§ 1er

Passage

476. — Cette servitude étant discontinue ne s'établit que par titre. Toutefois, si elle était

(1) C. civ., 701 ; comp. Cass., 27 octobre 1890, 22 mars 1893, S. 96, 1, 356.

(2) Cass., 6 avril 1831, S. 31, 1, 413 ; Pardessus. 170.

annoncée par un signe extérieur, tel qu'un chemin empierré, une barrière ou une porte, il y aurait lieu de voir si elle ne résulterait pas de la destination du père de famille (1).

477. — Le passage a une étendue plus ou moins grande suivant qu'il sert seulement aux personnes ou qu'il est destiné à la conduite des animaux ou au transport en voiture de denrées, fourrages, etc.; tout cela doit être précisé par le titre constitutif, sinon les juges apprécient l'intention probable des parties d'après l'objet de la servitude et la position des héritages (2).

478. — Quand le passage est constitué sans limitation, il s'étend à tous les usages auxquels l'héritage dominant sert, d'après sa nature et sa destination (3).

479. — D'un autre côté, le passage établi pour un objet défini, ou restreint à un certain mode d'exercice, ne saurait être étendu à un autre objet ni à un mode différent ; ainsi le pas-

(1) Cass., 30 octobre 1894, S. 95, 1, 414 ; 6 décembre 1898, S. 1900, 1, 491.

(2) Cass., 28 décembre 1880, S. 81, 1, 454, D. 81, 1, 350 ; Caen, 14 juin 1872, R. 72, 169 ; Demolombe, XII, 926.

(3) Caen, 8 janvier 1820, 27 août 1842, S. 43, 2, 101, D. 43, 2, 66 ; 16 mars 1854, R. 54, 125.

sage : 1° à cheval et en voiture, n'implique pas le droit de passer à pied (1) ; 2° dans une allée pour arriver aux lieux d'aisances, n'autorise pas à passer des matériaux et des échelles pour réparer une maison (2) ; 3° A pied et avec bêtes de somme, n'emporte pas le droit de passer en voiture (3) ; 4° Avec charrettes, ne comprend que les voitures privées et non celles employées particulièrement au transport des personnes (4) ; 5° Pour l'exploitation d'un fonds compris dans un partage, ne s'étend pas à un terrain acheté postérieusement (5) ; 6° De charrue et de charrette dans une cour, comprend le droit d'y faire tourner des voitures (6) ; 7° Pour un labour, se trouve aggravé par l'ouverture et l'exploitation d'une carrière (7) ; 8° Pour une maison occupée bourgeoisement, ne saurait être exercé pour

(1) Rouen, 30 décembre 1854, R. 55, 96 ; — *Contrà*, Caen, 23 janvier 1880, R. 80, 153.

(2) Caen, 22 juin 1855, R. 55, 185.

(3) Caen, 28 janvier 1863 ; Rouen, 27 mars 1863, R. 63, 232, 330 ; Caen, 5 février 1869, R. 69, 55.

(4) Caen, 16 mars 1840, 5 janvier 1865, R. 65, 60 ; Cass., 28 décembre 1880, S. 81, 1, 454.

(5) Rouen, 5 décembre 1864, R. 65, 106 ; Caen, 14 novembre 1866, R. 66, 287.

(6) Caen, 6 mars 1856, R. 56, 82.

(7) Caen, 15 janvier 1862, R. 62, 65.

une brasserie ou un débit de boissons (1).

Mais le droit de passage établi pour la desserte d'un héritage rural, n'est pas aggravé par le changement de nature du fonds, notamment en cas de mise en culture d'un pré, ou de conversion d'un labour en herbage (2).

480. — Quant à la largeur du passage, il faut se conformer au titre ; s'il est muet, on doit suivre les dimensions en usage dans le pays, selon l'espèce de passage (3).

Le passage pour piétons, chevaux et bêtes de somme, est généralement de 1m33 ou 4 pieds (4); celui pour voitures, de 2m66 ou 8 pieds (5).

481. — Malgré la servitude de passage, le propriétaire du fonds servant a le droit de se

(1) Rouen, 19 mars 1861, 3 décembre 1864; Caen, 13 juin 1864, R. 64, 184, 65, 61.

(2) Comp. Bourges, 16 février 1891, sous Cass., S. 92, 1, 309; Laurent, VIII, 263.

(3) Caen, 28 août 1846, R. 46, 422 ; Solon 451 ; Demolombe, XII, 926.

(4) Caen, 5 février 1869, R. 69, 55; Paris, 3 avril 1837, J. P. 37, 1, 408.

(5) Pardessus, 237; usages Ille-et-Vilaine. Un arrêt de Caen du 5 août 1830, a fixé la largeur d'un passage avec voiture, en terrain libre, à 2m35, ce qui paraît bien étroit.

clore (1), pourvu que les dispositions adoptées ne rendent pas plus incommode l'exercice de la servitude.

A l'égard des propriétés rurales, il a été décidé : 1° Que le passage pour un labour peut être clos par une barrière fermant à clef, en remettant deux clefs (2) ; 2° Que l'herbage sur la voie publique grevé de passage, pouvait aussi être clos par une barrière fermant à clef, en remettant deux clefs et en ménageant à côté de la barrière un *échalier* permettant en tous temps le passage à pied (3)

En ce qui concerne les fonds urbains, il est admis que le propriétaire grevé a la faculté d'établir une porte ou une barrière, à la condition de ne la fermer que pendant les heures où la circulation cesse d'être active (4), et en donnant une clef à chacun des ayants droit pour passer durant la nuit (5).

(1) Rouen, 16 août 1856, R. 56, 303; Caen, 7 août 1857, R. 58, 31, 20 janvier 1891, S. 91, 2, 202.

(2) Caen, 30 juin 1877, R. 77, 277.

(3) Caen, 20 janvier 1891, S. 91, 2, 202.

(4) La porte doit être ouverte de 6 heures du matin à 10 heures du soir (Caen, 25 janvier 1865, R. 65, 30).

(5) Rouen, 16 août 1856, S, 57, 2, 67, 26 août 1869 ; Caen, 4 février 1841, 4 janvier 1856, 23 décembre 1871, S. 72, 2, 111, D. 72.

L'établissement d'une porte devient même obligatoire en présence des prescriptions d'un arrêté municipal (1).

482. — Le propriétaire du fonds grevé de passage n'est pas privé du droit d'élever des constructions au-dessus du sol affecté, pourvu qu'il laisse un passage suffisant pour user commodément de la servitude (2).

483. — Du reste, le passage, doit rester toujours libre, et le propriétaire grevé ne peut rien y établir ou déposer même momentanément, qui fasse obstacle à l'exercice complet de la servitude (3).

484. — Le propriétaire d'un fonds rural grevé de passage, a la faculté soit d'enclore, soit de cultiver tout le terrain qui n'est pas nécessaire à l'exercice de la servitude, et le propriétaire du fonds dominant est responsable du dommage

5, 407, 12 juillet 1884, R. 85, 140; Cass., 15 février 1870, S. 70, 1, 301 ; 24 février 1903, S. 03, 1, 330.

(1) Nancy, 1er mars 1903, sous Cass., S. 03, 1, 330.

(2) Rouen, 22 mai 1837, S. 56, 2, 666 ; Caen, 25 janvier 1865, R, 65, 30. — Ces arrêts fixent la hauteur du passage à 3m30, ou 3m70 ; comp. Cass., 27 octobre 1890, S. 91, 1, 28.

(3) Caen, 25 mars 1863, R. 63, 233 ; Rouen, 31 janvier 1885, R. 86, 55.

causé aux clôtures, ou aux récoltes dans l'exercice du passage, notamment par les bestiaux (1).

§ 2e

Puisage

485. — Le droit de puiser de l'eau à une fontaine ou à un puits comporte le passage dans la mesure du nécessaire.

En général, le propriétaire dominant doit faire durant le jour sa provision d'eau (2).

Au surplus, il faudra toujours consulter le titre pour régler l'étendue de la servitude.

486. — Si celui qui a le droit de tirer de l'eau dans le puits de son voisin, pour l'usage habituel de sa maison, laisse à son décès trois enfants qui ayant chacun leur ménage, viennent tous y demeurer, le propriétaire du puits aura droit de faire régler, à l'amiable ou en justice, la quantité d'eau que chacun des héritiers pourra prendre, d'après ce qu'il est à présumer que leur père en employait à son usage, de manière que l'héritage assujetti ne soit pas plus grevé qu'il ne l'était précédemment, car il ne leur est

(1) Caen, 9 avril 1859, R. 59, 232.

(2) Frigot, Cout. II, p. 391; Solon, 452; Demolombe, XII, 927.

pas dû à chacun une servitude, mais à eux tous une seule en commun (1).

487. — Le grevé ne peut offrir comme remplacement d'un droit de puisage, à une fontaine située dans un terrain clos, un semblable droit à une fontaine placée le long d'un chemin, si elle n'est pas séparée par une clôture (2).

488. — Cette servitude de puisage étant à la fois discontinue et non apparente n'est susceptible de s'établir que par titre.

§ 3e

Abreuvage

489. — Le droit de faire boire les animaux à la source ou au ruisseau qui coule sur le fonds d'autrui, constitue une servitude discontinue et non apparente (3).

490. — Il est toujours nécessaire que les animaux, pour lesquels le droit d'abreuvage est

(1) C. civ. 700 ; Frigot, II, p. 407 ; Pardessus, 63 ; — *Contrà*, Aubry et Rau, § 253, note 29 ; comp. Demolombe, XII, 860.

(2) Caen, 26 mai 1845, R. 46, 685.

(3) Cass., 4 décembre 1888, S. 90, 1, 105, D. 89, 1, 193 ; 2 août 1898, S. 99, 1, 75.

établi soient placés sur le fonds dominant pour sa culture et son exploitation (1).

491. — En cas de silence du titre sur le nombre de bêtes, il est déterminé eu égard aux besoins du fonds dominant, tels qu'ils étaient à l'époque de l'établissement de la servitude (2).

§ 4e

Aqueduc

492. — La servitude d'aqueduc consiste dans le droit de conduire de l'eau sur notre fonds en la faisant passer sur le fonds du voisin.

Cette servitude se révèle d'ordinaire à l'extérieur par des ouvrages ; elle est alors continue et apparente, et peut, en conséquence, se prouver par titres, par destination du père de famille et par prescription trentenaire (3).

493. — Lorsque le droit d'acqueduc n'a été établi que pour une certaine quantité d'eau, il n'est pas permis d'en augmenter le volume.

(1) Cass., 5 juillet 1900, S. 02, 1, 502 ; Demolombe, 670 ; Baudry-Lacantinerie et Chauveau, 803.

(2) Cass., 8 décembre 1839, S. 40, 1, 513.

(3) C. civ., 689 ; Caen, 18 février 1825, 14 novembre 1879, R. 80, 150 ; Cass., 10 février 1885, S, 87, 1, 263 ; 25 octobre 1887, S. 88, 1, 309 ; 22 novembre 1892, S. 93, 1, 29, D. 94, 1, 45.

De même si l'aqueduc est destiné à des eaux spécialement déterminées, on ne peut y mêler des eaux étrangères à celles qu'on a eu en vue (1).

494. — Celui auquel la servitude d'acqueduc appartient ne doit point corrompre ni altérer les eaux, d'une manière préjudiciable au fonds servant (2).

495. — De la servitude d'aquéduc se rapproche beaucoup celle de prise d'eau sur la propriété d'autrui, au moyen d'un barrage, d'une simple rigole.

La servitude de prise d'eau s'établit : par titre (3) ; à défaut de titre par destination du père de famille, lorsqu'elle est manifestée par des ouvrages extérieurs (4) ; enfin par prescription trentenaire, au moyen de travaux apparents pour le propriétaire du fonds assujetti (5).

496. — Celui qui a le droit de se servir des eaux appartenant à une cohérie, pendant un certain nombre de jours, n'est pas autorisé à

(1) Daviel, 915 ; Demolombe, XII, 914.

(2) Rouen, 6 juillet 1830 ; Daviel, 912.

(3) Caen, 8 mars 1841, R. 41, 232.

(4) Caen, 8 janvier 1840, R. 39, 594.

(5) Caen, 8 janvier 1876, 8 janvier 1884, R. 85, 134.

les employer à arroser d'autres immeubles que ceux héréditaires (1).

§ 5e

Egout des toits

497. — En vertu de la servitude d'égout, le propriétaire du fonds inférieur doit recevoir les eaux pluviales qui tombent du bâtiment, soit goutte à goutte, soit rassemblées dans une gouttière.

498. — Sous la coutume de Normandie, la servitude d'égout, ou droit de larmier, ne s'acquérait pas sans titre; et l'existence d'un droit d'égout n'était pas un titre pour donner le fonds sur lequel les eaux tombaient (2).

Depuis le Code, cette servitude s'acquiert par prescription du moment où il y a un larmier, une gouttière en saillie, ou tout autre ouvrage extérieur (3).

(1) Caen, 8 février 1849, R. 49, 60.

(2) Frigot, II, 389; Flaust, II, 884; Arrêt Parlem., 13 juillet 1742; Caen, 17 janvier 1890, R. 90, 194.

(3) Cass., 3 février 1825; Pau, 21 mars 1888, S. 90, 2, 206, D. 89, 2, 103; Demolombe, XII, 595; comp. Limoges, 23 mai 1894, S. 96, 1, 295.

6 *

Elle peut aussi être acquise par destination du père de famille (1).

499. — Au reste, ce n'est pas seulement comme servitude passive sur le fonds voisin que ce droit d'égout peut exister ; il arrive souvent qu'elle est établie pour son intérêt, comme servitude active, dans les lieux où l'eau étant rare, les propriétaires la recueillent avec soin dans des réservoirs (2).

§ 6e

Égout des eaux ménagères

500. — La servitude d'égout des eaux ménagères ou d'évier, est discontinue, encore bien qu'elle s'exerce à l'aide d'un aqueduc apparent, puisqu'elle a besoin, pour son exercice, du fait de l'homme ; en conséquence, cette servitude n'est pas susceptible de s'acquérir par prescription (3).

(1) Rouen, 4 mai 1871, R. 71, 194 ; comp. Bordeaux 10 juillet 1888, S. 90. 2, 105.

(2) Demolombe, XII, 596 ; Baudry Lacantinerie et Chauveau, 1043.

(3) Cass., 19 juin 1865, 17 février 1875, S. 77, 1, 74, D. 76, 1, 504 ; Tr. Rouen, 9 août 1851, R. 54, 172 ; Daviel, 710 ; — *Contrà*, Tr. Caen, 20 janvier 1835 ; Demolombe, XII, 712.

Quant à la destination du père de famille, elle aurait pour effet de maintenir la servitude d'évier, manifestée par un signe extérieur et apparent (1).

§ 7e

Pressurage

501. — Le droit de pressurer des fruits à un pressoir constitue une servitude discontinue et non apparente qui ne s'acquiert que par titre.

Fréquemment cette servitude s'établit dans un acte de partage, fixant les époques de pressurage et chargeant les divers copartageants de contribuer également à l'entretien de la mécanique.

502. — Le propriétaire du pressoir peut, à moins de stipulations contraires (2), s'opposer à ce que les créanciers de la servitude pressurent d'autres fruits que ceux provenant des biens partagés (3).

D'un autre côté, le propriétaire du pressoir

(1) Cass., 8 décembre 1886 et Rouen, 16 juillet 1885, S. 87, 1, 455.

(2) Caen, 17 avril 1856, R. 56, 125.

(3) Caen, 23 janvier 1849, S. 49, 2, 718; 2 décembre 1870, R. 71, 82.

grevé de la servitude a le droit d'y pressurer telle quantité de fruits, récoltés ou même achetés qu'il juge convenable (1), et, en outre, de prêter le pressoir si cette faculté ne lui a pas été interdite (2).

503. — Quand les réparations du pressoir doivent, d'après le titre, être payées en commun, entre le propriétaire et les créanciers de la servitude, ces derniers seraient fondés à faire supporter une plus forte part au propriétaire, en établissant qu'il a abusé du pressoir, soit en le prêtant, soit en y pilant une quantité de fruits beaucoup plus grande que celle prévue par son titre (3).

504. — Le fait par un individu d'avoir pendant plus de 30 ans, pressuré des fruits au pressoir de son voisin, et même d'avoir pécuniairement contribué aux réparations du mécanisme, ne saurait engendrer à son profit ni une servitude ni un droit de propriété (4).

(1) Caen, 29 avril 1865, R. 65, 119.

(2) Caen, 28 décembre 1878, R. 79, 68.

(3) Caen, 27 avril 1865, 24 juin 1880, R. 82, 19.

(4) Caen, 19 mai 1863, R. 63, 235.

§ 8e

Tour d'échelle

505. — On entend par tour d'échelle le droit en vertu duquel le propriétaire d'un mur non mitoyen ou d'un bâtiment, peut, pour exécuter les travaux nécessaires à son mur ou à son toit, faire passer ses ouvriers et ses matériaux sur le fonds voisin.

506. — Ce droit est une servitude discontinue et non apparente qui ne s'établit que par un titre (1).

Si le titre ne dit rien quant à l'étendue du terrain d'exercice, on doit suivre l'usage local ; en Normandie, la largeur est de un mètre (2).

507. — Il faut observer que celui qui a une servitude d'égout de son toit, n'a pas pour cela une servitude de tour d'échelle ; les deux droits sont indépendants (3).

De même le tour d'échelle n'emporte pas

(1) Caen, 27 avril 1844, R. 44, 239 ; Demolombe, XI, 423.

(2) Rouen, 6 février 1841, 31 mai 1869 ; Caen, 17 décembre 1889, R. 90, 191, S. 91, 2, 38 ; comp. Amiens, 13 mai 1886, D. 87, 2, 203.

(3) Caen, 31 décembre 1868, R. 68, 286.

pour le propriétaire du fonds en faveur duquel cette servitude est établie, un droit de passage habituel, ni le droit d'avoir une clef des êtres par lesquels s'exerce la servitude (1).

§ 9e

Pacage et pâturage

508. — La servitude de pacage ou de pâturage consiste dans le droit de mener paître sur le fonds d'autrui, les animaux placés sur un domaine pour son exploitation (2).

C'est une servitude discontinue qui ne peut s'acquérir sans titre.

Il n'est pas permis de conduire au pacage un plus grand nombre d'animaux que celui déterminé par le titre de la servitude.

§ 10e

Jour

509. — La servitude de jour consiste dans le droit de recevoir la lumière, au moyen de jours

(1) Caen, 11 décembre 1855, R. 56, 61 ; Rennes, 2 janvier 1867, D. supp. *Serv.* 272.

(2) Comp. Cass., 22 novembre 1841, S. 42, 1, 191, D. 41, 1, 382.

pratiqués dans un mur, mitoyen ou non, et à une hauteur déterminée.

Les règles de ces jours ne sont pas celles des jours de souffrance.

A moins d'une clause précise dans le titre, cette servitude n'a pas pour effet d'empêcher au voisin de bâtir et de planter, pourvu qu'il laisse un jour suffisant.

La servitude de jour étant continue et apparente, peut s'acquérir par prescription (1).

§ 11e

Vue

510. — La servitude de vue, à défaut d'étendue expressément déterminée par le titre conventionnel, ne s'étend sur le fonds voisin et n'emporte prohibition d'y bâtir, qu'à la distance de 19 décimètres (2).

511. — Cette servitude étant continue et apparente, elle peut s'établir par destination du père de famille ou par prescription (3). Qu'elle

(1) Cass., 23 juillet 1850, S. 51, 1, 782 ; Pardessus, 286.

(2) Comp. c. civ., 678 ; Cass., 24 juin 1823, 7 mars 1855, 29 juin 1891, S. 95, 1, 7.

(3) Comp. Cass., 19 octobre 1886, S. 90, 1, 251 ; 2 juillet 1900, S 01, 1, 69.

ait l'une ou l'autre origine, la servitude de vue n'emporte interdiction de bâtir ou de planter que dans le rayon de la distance fixée par l'art. 678, C. civ. (1).

512. — Celui qui n'a sur un terrain qu'une servitude de passage et de vue, n'est pas autorisé à établir de balcons au-dessus du terrain grevé (2).

513. — Lorsque le propriétaire d'une construction ayant des ouvertures par servitudes sur autrui veut démolir puis rebâtir, il doit se procurer une preuve écrite des servitudes, en faisant dresser contradictoirement l'état des lieux avant de procéder à la démolition ; à défaut de cette précaution, il serait obligé de prouver l'existence des anciennes ouvertures (3).

§ 12e

Prospect

514. — Servitude équivalent à une interdic-

(1) Cass., 5 août 1862, S. 63, 1, 134 ; Bordeaux, 2 avril 1878, S 78, 2, 230 ; comp. Cass. Belge, 19 novembre 1896, S. 1900, 4, 33.

(2) Caen, 26 février 1883, R. 83, 145.

(3) C. civ., 665 ; Caen, 26 mai 1841, 16 décembre 1848, R. 48, 355, S. 49, 2, 665 ; Demolombe, XII, 975 ; comp. Cass., 17 novembre 1902, S. 03, 1, 232.

tion de bâtir et de planter sur le fonds assujetti (1).

515. — Cette servitude n'étant pas apparente ne saurait résulter ni de la prescription, ni de la destination du père de famille : il faut toujours un titre (2).

§ 13e

Interdiction de bâtir

516. — Cette servitude qui empêche le propriétaire du fonds servant de bâtir, ou d'élever ses bâtiments au delà d'une hauteur déterminée, a généralement pour but de ménager au fonds dominant des vues ou un aspect plus agréable (3).

517. — Si le titre ne détermine pas l'étendue du terrain sur lequel pèse la servitude, tout le fonds se trouve asservi (4).

518. — L'obligation de ne point bâtir ou de ne pas bâtir au-dessus d'une hauteur fixée, ne

(1) Rouen, 21 avril 1871, R. 71, 243.

(2) Cass., 17 août 1858, 5 août 1862, S. 63, 1, 34 ; Douai, 9 décembre 1889, D. 91, 2, 69 ; Nancy, 14 novembre 1896, S. 97, 2, 172.

(3) Cass., 7 février 1825 ; Demolombe, XII, 920.

(4) Cass., 18 mai 1835, S. 35, 1, 812 ; Pardessus, 235.

s'oppose aucunement à ce qu'on plante des arbres sur le fonds assujetti, alors du moins que les termes de la convention ne permettent pas de dire qu'il y a véritablement servitude de prospect (1).

519. — La convention entre propriétaires voisins ou entre copartageants, portant que pour séparer et clore leurs héritages, il sera fait par eux, à frais communs, un mur ne dépassant pas une hauteur déterminée, ne prive pas l'une ou l'autre des parties du droit de donner une plus grande hauteur à la clôture (2).

520. — Au surplus, la servitude de ne pouvoir bâtir ou surélever étant non apparente ne s'établit pas par la destination du père de famille : elle doit résulter d'un titre formel (3).

(1) Cass., 12 décembre 1836, S. 37, 1, 316, D. 37, 1, 85 ; Duranton, V. 512.

(2) Caen, 13 mai 1837, S. 37, 2, 333, 16 mars 1840, 26 mai 1841, 29 janvier 1876, R. 76, 93 ; Rouen, 30 décembre 1853, 30 juin 1883, R. 83, 233.

(3) Caen, 13 mai 1837, 26 mai 1841, R. 41, 161 ; Cass., 26 janvier 1858, 9 juillet 1861, S. 92, 1, 55 ; Nancy, 14 novembre 1896, S. 97, 2, 172.

§ 14e

Appui

521. — La servitude d'appui consiste dans la faculté : 1° D'appuyer sa maison ou son mur sur le mur du voisin ; 2° De placer des poutres ou des solives dans le mur du voisin (1); 3° d'afficher des espaliers, vignes, etc., dans son mur (2).

522. — Le simple droit d'affiche ne donne pas celui de faire supporter par le mur des constructions quelconques (3).

§ 15e

Projection

523. — Cette servitude comprend le droit de faire avancer un balcon, une corniche, un toit, ou tout autre ouvrage en saillie sur le fonds du voisin (4).

(1) Demolombe, XII, 924.

(2) Caen, 3 mai 1839 ; Rouen, 31 décembre 1853, R. 54, 183.

(3) Rouen, 31 décembre 1853, précité.

(4) Solon, 440 ; Pardessus, 11 ; Huc, IV, 455.

§ 16e

Arbres et haies

524. — L'existence d'arbres ou de haies à des distances moindres que celles requises, est une servitude continue et apparente susceptible de s'acquérir par prescription trentenaire (1).

Cette prescription court du jour de la plantation (2).

525. — Le grevé conserve le droit de couper les racines et de contraindre le propriétaire des arbres ou haies à couper les branches qui avancent sur son fonds (3).

526. — Si les arbres ou haies viennent à périr ou à être abattus, on ne peut les remplacer qu'à la distance légale (4).

(1) Cass., 13 mars 1850, S. 50, 1, 385, D. 50, 1, 89 ; 2 juillet 1877, S. 77, 1, 302 ; Rouen, 11 mars 1869, S. 72, 1, 392, D. 72, 1, 257; Demolombe, XI, 499 ; Laurent, VIII, 11.

(2) Cass., 29 mai 1832, S. 32, 1, 323; Duranton, V, 390 ; Demolombe, XI, 499; Aubry et Rau, § 197, note 18; Pardessus, 195.

(3) C. civ., 673; Rouen, 11 mars 1869, précité; Demolombe, XI, 509 ; Aubry et Rau, § 197, note 27.

(4) Caen, 22 juillet 1845, S. 46, 2, 509, D. 47, 2, 12 ; Cass., 22 décembre 1857, S. 58, 1, 361, D. 58, 1, 59 ; Rennes, 19 juin 1838, S. 38, 2, 526 ; Vaudoré, *Plant*, 54 ; c. civ. 672 nouveau.

TROISIÈME SECTION

EXTINCTION DES SERVITUDES

527. — On compte plusieurs causes d'extinction des servitudes : changement des lieux, non usage, confusion des droits, résolution, renonciation, etc.

§ 1er

Changement de l'état des lieux

528. — Toute servitude cesse lorsque l'exercice en devient matériellement et absolument impossible, à cause de changements survenus soit à l'héritage dominant, soit à l'héritage servant (1).

529. — La servitude revit du moment où les choses sont rétablies de manière qu'on puisse en user, sans qu'il soit nécessaire qu'elles se trouvent replacées dans des conditions absolument semblables (2).

On peut citer : 1° Une fontaine grevée d'un droit de puisage, après avoir été mise à sec jaillit

(1) C. civ., 703 ; comp. Cass., 1er avril 1889, S. 92, 1, 378, D. 90, 1, 270.

(2) C. civ., 704 ; comp. 665 ; Riom, 4 juillet 1890, D. 91, 2, 69.

de nouveau (1); 2° Un passage qui avait cessé par suite de l'exhaussement de la voie publique empêchant la communication, et rendu possible au moyen de travaux exécutés par le propriétaire du fonds servant (2); 3° une vue au profit d'une maison qui a été incendiée ou démolie, puis remplacée par d'autres bâtiments d'habitation (3); 4° un pressoir détruit par incendie et ensuite réédifié (4).

530. — Mais, la servitude ne revit qu'autant qu'il ne s'est pas écoulé un espace de 30 ans, à partir du jour où s'est produite l'impossibilité d'en user, jusqu'au moment de la remise des choses en état (5).

§ 2e

Non usage

531. — Les servitudes s'éteignent par le non usage pendant 30 ans (6).

(1) Cass., 21 mai 1851, S. 51, 1, 406; Laurent, VIII, 272; Demolombe, XII, 974.

(2) Bordeaux, 14 août 1855, S. 56, 2, 683.

(3) C. civ., 665; Cass., 25 juin 1866, S. 66, 1, 348; Orléans, 1er décembre 1848, S. 49, 2, 503.

(4) Caen, 4 novembre 1891, S. 92, 2, 195.

(5) C. civ., 704, 707; Cass., 10 avril 1889, S. 90, 1, 214.

(6) C. civ., 706; comp. Caen, 26 mai 1841, R. 41, 162; Cass., 28 octobre 1889, S. 91, 1, 293.

Les 30 années courent, à l'égard des servitudes discontinues, par le seul fait de la cessation de leur exercice, à partir du dernier acte d'usage (1).

Pour les servitudes continues, le point de départ des 30 années est au jour où il a été fait un acte contraire à la servitude (2).

532. — Lorsque le fonds servant est possédé, comme libre de servitude, par un tiers acquéreur qui a juste titre et bonne foi, celui-ci ne peut prétendre éteindre la servitude par la prescription de 10 à 20 ans; il ne prescrit que par 30 ans (3).

533. — L'usage incomplet ou restreint d'une servitude pendant le délai de 30 années, en entraîne la réduction aux limites dans lesquelles elle a été exercée; par exemple un passage modifié dans son emplacement ou dans sa largeur (4).

(1) C. civ., 707 ; comp. Caen, 5 décembre 1827, S, 30, 2, 206.

(2) C, civ., 707 ; comp. Cout. Norm., 607 ; Cass., 6 novembre 1889, S. 92, 1, 65 ; 3 mars 1890, S. 90, 1, 245, D. 91, 1, 37.

(3) Caen, 4 avril 1838, R. 38, 150 ; Cass., 20 novembre 1875, 22 février 1881, S. 82, 1, 111 ; Demolombe, XII, 1004 ; Aubry et Rau, § 255, note 23 ; — *Contrà*, Duranton, V, 691 ; Laurent, VIII, 314.

(4) C. civ., 708 ; Caen, 15 mai 1848, 24 juillet 1865, 7 juillet

534. — Si l'héritage dominant est indivis entre plusieurs personnes, l'interruption de prescription opérée par l'une d'elles, ou la suspension de prescription établie en faveur de l'une d'elles, profite à toutes les autres (1).

535. — Quant au fonds servant, s'il vient à être divisé en différents lots, le non usage de la servitude sur quelques-uns d'entr'eux, les affranchirait au bout de 30 ans, sans qu'il fût nécessaire que la division eût été portée à la connaissance du propriétaire du fonds dominant (2).

536. — Celui qui réclame une servitude en vertu d'un titre ayant plus de 30 ans de date, et qui n'a pas la possession actuelle, est tenu au cas où la partie adverse oppose l'extinction de la servitude pour non usage pendant 30 ans, de faire preuve, au besoin par témoins, qu'elle n'est pas éteinte (3).

1868, R. 68, 115 ; Rouen, 29 août 1882, R. 83, 106 ; Cass., 6 juillet 1897, S. 98, 1, 395.

(1) C. civ., 709, 710.

(2) Demolombe, XII, 707 à 710 ; Aubry et Rau, § 255, note 22 ; comp. Cass., 13 janvier 1840, 2 décembre 1885, S. 87, 1, 12.

(3) Cass., 15 février 1842, 2 décembre 1885, précité ; Demolombe, XII, 1015 ; Pardessus, 308 ; — *Contrà*, Rouen, 20 mars 1868, R. 68, 80.

§ 3e

Confusion

537. — Les servitudes s'éteignent par la réunion, définitivement opérée, dans la main du même propriétaire, de tout l'héritage dominant et de tout l'héritage servant (1).

538. — Si les deux fonds cessaient d'appartenir au même propriétaire, la servitude revivrait dans le cas d'annulation du testament ou de résolution de la vente, en vertu desquels la réunion se serait opérée (2).

539. — Au contraire, l'aliénation volontaire de l'un des héritages dominant ou servant, momentanément réunis dans la même main, ne ferait point renaître la servitude, à moins d'une clause expresse de l'acte (3).

540. — Toutefois une servitude apparente revivrait dans ce cas, par destination du père de famille (4).

(1) C. civ., 705 ; Rouen, 19 juillet 1886, R. 86, 227 ; comp. C. civ., 699.

(2) C. civ., 1183, 1654, 2177 ; Pardessus, 300 ; Demolombe, XII, 984.

(3) Aubry et Rau, § 255, note 11 ; Demolombe, XII, 985.

(4) C. civ., 694 ; Pardessus, 300 ; Duranton, V, 665.

§ 4e

Terme ou condition

541. — Les servitudes ont, en général, une durée perpétuelle, mais elles pourraient être constituées pour un certain temps ou sous une condition quelconque (1).

542. — La vie du propriétaire de l'héritage dominant ou de l'héritage servant, serait valablement prise pour terme de la servitude.

543. — Rien ne s'opposerait non plus à ce que la servitude fut déclarée soumise à extinction dans le cas d'aliénation du fonds dominant, par le propriétaire actuel ou ses héritiers.

§ 5e

Résolution

544. — Il y a extinction de servitude par la résolution du droit du constituant, c'est-à-dire de celui qui représentait le fonds servant (2), notamment au cas de création par un usufruitier ou un emphytéote.

(1) Pardessus, 319; Duranton, V, 680; Demolombe, XII, 1053.

(2) Pardessus, 318; Demolombe, XII, 1052.

545. — Au contraire, la servitude constituée pour un fonds lui demeure définitivement acquise, malgré la résolution du droit de propriété de celui à qui appartenait ce fonds lors de la constitution de la servitude (1).

§ 6e

Renonciation

546. — De la renonciation ou de la remise faite, expressément ou tacitement, par le propriétaire du fonds dominant, résulte extinction de la servitude (2).

547. — La renonciation à une servitude de vue ou de passage peut s'induire des circonstances, encore bien que le non usage n'ait pas duré 30 ans (3).

Il est toujours dangereux, en pratique, de ne pas dresser acte écrit (et sur timbre) de toute renonciation.

548. — Pour être opposable aux tiers, l'acte

(1) Besançon, 25 juillet 1888, S. 90, 2, 191, D. 90, 2, 77; Demolombe, XII, 1051.

(2) Pardessus, 313 ; Duranton, V, 651 ; Demolombe, XII, 1040, 1041.

(3) Caen, 13 décembre 1850, 17 novembre 1853, R. 54, 123.

portant renonciation à une servitude doit être transcrit au bureau des hypothèques (1).

§ 7e

Expropriation

549. — En cas d'expropriation publique de l'un des deux héritages, servant ou dominant, la servitude s'éteint (2).

550. — Si l'expropriation frappe le fonds servant, le propriétaire dominant a le droit d'obtenir une indemnité de l'expropriant (3).

(1) L. 23 mars 1855, art. 2.

(2) L. 3 mai 1841, art. 21, 39.

(3) Cass., 10 janvier 1865 ; 27 janvier 1868, S. 68, 1, 213, D. 68, 1, 114.

CHAPITRE CINQUIÈME

NOTIONS DE COMPÉTENCE

551. — En matière de voisinage et de servitudes, il faut distinguer deux compétences : la compétence judiciaire et la compétence administrative.

PREMIÈRE SECTION

COMPÉTENCE JUDICIAIRE

552. — Au premier degré de la compétence judiciaire se trouve le juge de paix, et au-dessus le tribunal civil.

§ 1er

Juge de paix

553. — Rentrent dans la compétence du juge de paix les actions possessoires, celles en bornage, les contraventions de police, etc.

I. *Règles générales*

554. — Dans toutes les causes, excepté celles qui requièrent célérité et celles dans lesquelles le défendeur serait domicilié hors du canton ou des cantons de la même ville, il est interdit de donner aucune citation par huissier, sans qu'au préalable le juge de paix ait appelé les parties devant lui, au moyen d'un avertissement ou lettre d'invitation, délivré par le greffier et expédié par la poste.

Si les deux parties se présentent et qu'il y ait conciliation, le juge de paix dresse procès-verbal des conditions de l'arrangement (1).

C'est le vœu de la loi que les parties comparaissent en personne dans le cabinet du juge de paix, sur la lettre d'invitation (2).

555. — Faute d'arrangement, le juge de paix autorise la citation par huissier, à un jour franc, pour comparaître, non plus dans le cabinet du juge, mais à l'audience (3).

Les parties peuvent encore s'entendre sur la citation, sinon un jugement est rendu par le juge de paix, soit immédiatement, soit seulement après visite des choses contentieuses, audition de témoins, rapports d'experts, etc.

Si la partie condamnée exécute immédiatement le jugement, tout est terminé.

(1) L. 25 mai 1838, art. 17.

(2) C. pr., 9, 53.

(3) C. pr., 5; L. 25 mai 1838, art. 16.

556. — A défaut d'exécution, lorsque le jugement est par défaut, la partie condamnée peut former opposition dans les trois jours de la signification (1).

557. — En cas de jugement contradictoire, en premier ressort, l'appel devant le Tribunal civil est recevable pendant 30 jours à partir de la signification, outre les délais de distance (2).

558. — Les voies de recours extraordinaires sont la tierce opposition, la requête civile (3) et aussi le pourvoi en Cassation, uniquement pour excès de pouvoir (4).

II. *Bornage*

559. — Pour le bornage, le juge de paix de la situation des immeubles est compétent à charge d'appel, toutes les fois que la propriété ou les titres qui l'établissent ne sont pas contestés (5) ; dans le cas contraire, il faut recourir au Tribunal civil.

(1) C. pr., 20, 21.

(2) L. 25 mai 1838, art. 13.

(3) C. pr., 474, 480; comp. Cass., 10 février 1868, S. 68, 1, 223, D. 68, 1, 422.

(4) L. 25 mai 1838, art. 15; comp. Cass., 5 février 1896, S. 96, 1, 217.

(5) C. pr., 59 ; L. 25 mai 1838, art. 6, 3°.

560. — La compétence du juge de paix saisi de l'action en bornage ne se restreint pas au placement des bornes sur limites convenues, mais s'étend encore à la recherche des limites devenues incertaines des deux fonds à borner (1).

Au contraire, il y a contestation sur la propriété rendant le juge paix incompétent, lorsque le défendeur revendique contre le demandeur la propriété litigieuse (2).

561. — Pour qu'il y ait contestation sur les titres, il faut que le désaccord des parties porte non pas seulement, sur l'interprétation, l'application et l'appréciation des clauses et des énonciations du titre, mais que le titre même soit contesté dans son essence ou dans son caractère d'acte acquisitif (3).

Avant tout, pour rendre le juge de paix incompétent, il doit s'agir d'une contestation sérieuse qui présente quelque apparence de fondement, et non d'une simple dénégation qui

(1) Cass., 10 avril 1866, S. 66, 1, 289, D. 66, 1, 380 ; 5 janvier 1892, S. 92, 1, 351.

(2) Cass., 8 août 1859, S. 60, 1, 49, D. 59, 1, 344.

(3) Cass., 15 juin 1880, S. 80, 1, 342, D. 80, 1, 262.

peut être dictée par un esprit de chicane et de mauvaise foi (1).

562. — D'ailleurs, l'action en bornage doit toujours être portée devant le juge de paix, sauf à celui-ci à se déclarer incompétent en cas de contestation, car il n'appartient pas aux parties de changer l'ordre des juridictions (2).

III. *Dommage*, *Elagage et Curage*

563. — Le juge de paix connaît sans appel, jusqu'à la valeur de cent francs, et, à charge d'appel, à quelque valeur que la demande puisse s'élever lorsque les droits de propriété ou de servitude ne sont pas contestés (3) :

1° Des actions pour dommages faits aux champs, fruits et récoltes, soit par l'homme, soit par les animaux (4) ;

2° de celles relatives à l'élagage des arbres ou haies ;

3° Et de celles concernant le curage, soit des fossés particuliers, soit des canaux servant à

(1) Cass., 25 août 1880, S. 80, 1, 468, D. 81, 1, 64 ; Tr. Rouen, 10 mars 1859.

(2) Cass., 18 juin 1884, S. 87, 1, 479.

(3) L. 25 mai 1838, art. 5.

(4) Comp. Cass., 15 décembre 1885, S. 86, 1, 156, D. 86, 1, 367.

l'irrigation des propriétés ou au mouvement des usines.

IV. *Drainage*

564. — En matière de drainage, les contestations auxquelles peuvent donner lieu l'établissement et l'exercice de la servitude, la fixation du parcours des eaux, l'exécution des travaux de drainage ou d'assèchement, les indemnités et les frais d'entretien, sont portées en premier ressort devant le juge de paix du canton qui, en prononçant, doit concilier les intérêts de l'opération avec le respect dû à la propriété (1).

565. — Lorsqu'il y a lieu à l'établissement de servitudes au profit d'associations syndicales, le juge de paix a la même compétence que pour le drainage (2).

V. *Chemins*

566. — Le juge de paix statue, sauf appel s'il y a lieu, sur toutes les difficultés relatives aux travaux d'entretien des chemins d'exploitation (3), et aux sentiers.

(1) L. 10 juin 1854, art. 5 ; 23 juillet 1856, art. 6.
(2) L. 21 juin 1865, art. 19.
(3) L. 20 août 1881, art. 36.

VI. — *Actions possessoires*

567. — Le juge de paix connaît, à charge d'appel, des dénonciations de nouvel œuvre, complaintes, actions en réintégrande et autres actions possessoires fondées sur des faits commis dans l'année (1), notamment pour : 1° Déplacement de bornes ; 2° Usurpations de terres ; 3° Usurpations d'arbres, haies, fossés et autres clôtures ; 4° Entreprises sur les cours d'eau servant à l'irrigation des propriétés et au mouvement des usines et moulins, sans préjudice des attributions de l'autorité administrative ; 5° Inobservation de la distance prescrite par la loi, les règlements particuliers et l'usage des lieux, pour les plantations d'arbres ou de haies lorsque la propriété ou les titres qui l'établissent ne sont pas contestés ; 6° les travaux et constructions nuisibles, lorsque la propriété ou la mitoyenneté du mur ne sont pas contestés (2).

568. — Les actions possessoires s'appliquent à la copropriété (3), aux servitudes légales (4)

(1) C. civ., 2229 ; C. pr., 23.

(2) C. pr., 3 ; L. 25 mai 1838, art. 6.

(3) Cass., 4 janvier 1888, 1er mars 1892, S. 92, 1, 228.

(4) Cass., 25 juin 1860, 30 juillet 1889, S. 91, 1, 319.

et aux servitudes conventionnelles lorsqu'elles sont apparentes et continues (1).

569. — Ne sont pas susceptibles de possession les servitudes continues non apparentes et les servitudes discontinues apparentes ou non, à moins qu'elles ne s'appuient sur un titre (2), encore qu'il ne fasse pas preuve complète (3).

570. — Par l'action possessoire on demande à être maintenu en détention ou jouissance d'une chose que nous tenons actuellement ; cette action est entièrement distincte de l'action pétitoire relative au droit de propriété (4).

VII. *Usage des eaux*

571. — Les contestations relatives aux servitudes et indemnités pour : 1° L'usage des eaux pluviales ou de source, 2° Passage sur terrains en vue de travaux à un cours d'eau non navigable ni flottable, sont portées en premier ressort devant le juge de paix du canton (5).

(1) Cass., 5 janvier 1857, S. 58, 1, 112.

(2) Cass., 30 juillet 1889, 1er juillet 1890, 14 avril 1893, D. 93, 1, 415, S. 93, 1, 463 ; 31 mai 1902, S. 03, 1, 119.

(3) Cass., 7 juin 1848, 1er février 1893, S. 93, 1, 132, D. 93, 1, 228 ; comp. Cass., 28 juillet 1903, S. 04, 1, 119.

(4) C. pr., 25, 26.

(5) C. civ., 641 ; L. 8 avril 1898, art. 6.

VIII. *Contraventions de police*

572. — La connaissance des contraventions de police pouvant donner lieu soit à 15 fr. d'amende ou au-dessous, soit à cinq jours d'emprisonnement ou au-dessous, appartient au juge de paix du canton dans l'étendue duquel elles ont été commises (1).

573. — Parmi ces contraventions, il suffit de rappeler :

1° Le refus d'obéir à l'injonction de l'autorité administrative, de réparer ou démolir un édifice menaçant ruine et joignant la voie publique ;

2° La négligence d'éclairer des dépôts de matériaux ou de choses embarrassant la voie publique ;

3° Le défaut d'exécution des mesures relatives à la destruction des animaux, des insectes et des végétaux nuisibles à l'agriculture (2).

4° Les travaux confortatifs faits à une construction sujette à reculement (3) ;

5° L'établissement, sans autorisation, d'un

(1) C. Inst. crim., 137, 138.

(2) L. 21 juin 1898, art. 78.

(3) C. pén., 471 ; comp. Cass., 20 juin 1891, 4 août 1893, S. 93 1, 536.

barrage sur un cours d'eau non navigable ni flottable (1).

6° L'inobservation des conditions prescrites par l'autorité à un établissement insalubre (2).

7° Les accidents occasionnés par la vétusté des bâtiments ou par des excavations dans ou près des voies publiques (3).

§ 2e

Tribunal civil

574. — Toutes les contestations qui dépassent la compétence du juge de paix, doivent être portées devant le tribunal civil.

575. — Aucun procès entre personnes majeures et maîtresses de leurs droits, ne peut être commencé avant que le défendeur ait été appelé en conciliation devant le juge de paix, par une citation d'huissier, donnée trois jours au moins d'avance (4).

Le demandeur évite presque toujours la con-

(1) C. pén., 471, 15° ; Cass., 9 janvier 1892, S. 92, 1, 176.

(2) C. pén., 471, 15° ; Cons. d'Et., 24 novembre 1871, S. 72, 2, 255, D. 72, 1, 43.

(3) C. pén., 479, 4°.

(4) C. pr., 48, 49, 51, 52. Comp. Cass. 17 nov. 1875, S. 76, 1, 28.

ciliation en sollicitant du président du tribunal l'autorisation d'assigner à bref délai, pour cause d'urgence (1).

576. — Dans toutes les affaires devant le tribunal civil, la personne qui attaque doit s'adresser à un avoué ; celle qui est attaquée doit porter immédiatement son assignation chez l'avoué de son choix (2).

577. — Sont de la compétence du tribunal civil :

1° Les actions relatives au droit de propriété, ou actions pétitoires (3) ;

2° Les règlements entre particuliers pour l'usage des eaux courantes (4) ;

3° Les contestations concernant les servitudes d'irrigation (5) ;

4° Les poursuites relatives aux délits de pêche (6).

578. — Les appels des jugements de justice de paix sont portés devant le tribunal civil.

(1) C. pr., 49, 2°, 72.

(2) C. pr., 75.

(3) L. 11 avril 1838, art. 1.

(4) C. civ., 645.

(5) L. 29 avril 1845, art. 4.

(6) L. 15 avril 1829, art. 48.

579. — Comme le ministère des avoués est obligatoire devant le tribunal, ce sont eux qui dirigent la procédure ; il est donc inutile d'entrer ici dans des détails.

580. — Dans les circonstances urgentes, par exemple en cas de trouble de possession résultant de travaux entrepris par un voisin ou par un copropriétaire (1), on peut se pourvoir directement devant le président du tribunal civil, tenant l'audience des référés, afin qu'il statue provisoirement sur les difficultés (2).

DEUXIÈME SECTION

COMPÉTENCE ADMINISTRATIVE

581. — Cette compétence s'applique au maire, au préfet et au conseil de préfecture.

§ 1er

Maire

582. — Dans l'ordre administratif, le maire veille à l'exécution des actes de l'autorité supé-

(1) Cass., 10 avril 1872, S. 72, 1, 280, D. 73, 1, 12 ; 20 juillet 1882, S. 85, 1, 58 ; 23 mars 1886, S. 86, 1, 357, D. 86, 1, 408 ; 17 mars 1903, S. 03, 1, 412.

(2) C. pr., 806 à 811.

rieure relatifs à la police et au maintien du bon ordre (1).

583. — Le maire prend lui-même des arrêtés ordonnant des mesures locales pour assurer le bon ordre, la sûreté et la salubrité publique (2) ; spécialement le maire règlemente l'enlèvement du varech ou goémon (3); les bans de moisson, vendanges et fauchaison (4); la protection des fontaines, puits et abreuvoirs (5); l'établissement de fosses d'aisances dans les maisons (6).

584. — Les arrêtés du maire sont obligatoires lorsqu'ils ont été portés à la connaissance des intéressés par voie de publication et d'affiches, toutes les fois qu'ils contiennent des dispositions générales, et, dans les autres cas, par voie de notification individuelle, avec remise de copie (7).

(1) L. 5 avril 1884, art. 91.

(2) L. 5 avril 1884, art. 94 et 97; 21 juin 1898 ; 15 février 1902.

(3) Décr. 8 février 1868, art. 4.

(4) L. 9 juillet 1889, art. 13 ; c. pén. 475, 1° ; Cass.,6 mars 1834, S. 34, 1, 344.

(5) L. 21 juin 1898, art. 20; Cass., 11 janvier 1878, S. 79, 1, 332, D. 79, 1, 140 ; 23 novembre 1901, S. 02, 1, 160.

(6) L. 5 avril 1884, art. 96; Cass., 8 janvier 1898, S. 99, 1, 60, D. 99, 1, 293; comp. Cons. d'Et.,25 janvier 1901, S. 03, 3, 83.

(7) L. 5 avril 1884. art. 96, 97; Cass., 10 mars 1893, 4 août 1899, S. 01, 1, 430, D. 01, 1, 374.

585. — C'est au maire qu'il appartient de donner par écrit les alignements individuels, les autorisations de bâtir, reconstruire et réparer sur le bord d'une voie publique, dépendant de la petite voirie : chemin vicinal ordinaire, chemin rural (1).

586. — En cas de péril, le maire peut prescrire la réparation ou la démolition d'un mur, bâtiment ou édifice menaçant ruine, après rapport d'un agent de la voirie (2).

§ 2e

Préfet

587.—Toute la grande voirie est dans les attributions du préfet : routes nationales et départementales et rues en formant le prolongement ; chemins vicinaux, de grande communication ou d'intérêt commun ; fleuves, rivières et canaux navigables ou flottables ; chemins de fer.

588. — C'est le préfet qui donne les alignements de grande voirie, permet ou refuse de construire ou réparer, ordonne la démolition

(1) L. 5 avril 1884, art. 98.

(2) L. 5 avril 1884, art. 97 ; 21 juin 1898, art. 3.

des constructions, autorise ou défend l'établissement des saillies, etc. (1).

589. — Dans chaque département, le préfet détermine par des arrêtés, la date de l'ouverture et celle de la clôture de la chasse (2).

590. — Des arrêtés préfectoraux fixent les époques auxquelles devra se faire l'élagage des arbres et des haies, le long des voies publiques (3). Il faut une autorisation préfectorale pour élaguer en dehors des époques déterminées par les arrêtés.

591. — Pour l'établissement des manufactures, fabriques et ateliers, dans la première classe des établissements insalubres, la demande en autorisation est présentée au préfet et affichée par son ordre, avant toute autorisation.

Au cas où l'enquête a révélé des oppositions, le préfet doit consulter le Conseil de

(1) L. 16 septembre 1807, art. 50. — Dans les villes où il existe des plans d'alignement régulièrement approuvés, pour les routes et chemins de grande communication, le sous-préfet délivre les alignements individuels (L. 4 mai 1864).

(2) L. 3 mai 1844, art. 3.

(3) Décr. 16 décembre 1811, art. 102, 105; L. 21 mai 1836, art. 21.

préfecture pour accorder l'autorisation (1).

592. — Toute demande en concession d'une mine est adressée au préfet qui remplit les formalités de publicité préalables à l'autorisation du gouvernement (2).

593. — Les préfets fixent, par leurs arrêtés, les temps et saisons de la pêche dans les rivières et cours d'eau (3).

594. — Les préfets règlementent l'usage des eaux dans l'intérêt public, notamment la disposition des écluses, barrages et autres travaux destinés à assurer une bonne répartition de la masse fluide (4).

595. — Le préfet prend des arrêtés pour assurer le curage et le bon entretien des cours d'eau non navigables ni flottables, et en respectant d'ailleurs les anciens usages.

A défaut d'anciens règlements ou de leur suffisance, le préfet réunit les intéressés en

(1) Décr. 15 octobre 1810, art. 4; Décr. 13 avril 1861, tableau B, 7°.

(2) L. 21 avril 1810.

(3) Décr. 5 septembre 1897.

(4) L. 8 avril 1898, comp. Cons. d'Et., 15 février 1866. C'est par décret d'administration publique que le régime général d'un cours d'eau est fixé (art. 9, L. 8 avril 1898).

association syndicale pour assurer une bonne exécution des travaux.

Si la constitution syndicale n'aboutit pas, un décret en Conseil d'Etat règle le mode d'exécution des travaux et la contribution aux dépenses (1).

596. — Le préfet statue, en Conseil de préfecture, sur les constructions et usines dans le voisinage des bois et forêts soumis au régime forestier (2), (n° 311).

597. — Pour le maintien de la salubrité, de la sécurité et de la tranquillité publique dans toutes les communes du département ou dans plusieurs d'entr'elles, le préfet peut prendre et publier des arrêtés permanents, faute par les autorités municipales d'y avoir pourvu (3).

§ 3°

Conseil de Préfecture

598. — Les affaires sur lesquelles le Conseil de préfecture est appelé à statuer, par voie con-

(1) L. 8 avril 1898, art. 18 à 29.

(2) Décr. 25 mars 1852, art. 3; Décr. 13 avril 1861, tableau C, 8°.

(3) L. 5 avril 1884, art. 99; comp. Cass., 23 janvier 1892, S. 93, 1, 62, D. 92, 1, 447.

tentieuse, sont introduites au moyen d'une requête explicative déposée avec les pièces justificatives, au greffe du Conseil, et inscrites sur un registre d'ordre par le secrétaire greffier, qui en donne récépissé (1).

D'ailleurs toute requête doit être accompagnée de copies certifiées conformes par le requérant, destinées à être notifiées aux parties en cause.

Après examen sommaire de l'affaire par le Conseil de préfecture, les parties défenderesses reçoivent notification des requêtes et mémoires par un agent qui est le maire ou le garde champêtre (2).

Les parties ont le choix de fournir elles-mêmes leurs défenses, ou de choisir un mandataire spécial, dans le plus bref délai.

Les requêtes et mémoires sont soumis au timbre, mais non les copies.

599. — En matière répressive, le Conseil de préfecture est saisi par le procès-verbal constatant la contravention, remis par le préfet.

Copie du procès-verbal est notifiée au contrevenant par le maire ou le garde champêtre de

(1) L. 22 juillet 1889, art. 1 ; comp. Cons. d'Ét., 27 novembre 1896, S. 98, 3, 134.

(2) Même loi, art. 3 et 7.

sa commune, avec indication de fournir des défenses écrites dans la quinzaine, et avec citation à comparaître dans le délai d'un mois devant le Conseil de préfecture (1).

600. — Toute décision est notifiée aux parties à leur domicile réel, par le maire ou le garde champêtre, lorsque l'instance a été engagée avec l'État, et lorsque le Conseil a prononcé en matière répressive ; dans les autres cas, la notification a lieu par huissier (2).

601. — En principe, l'arrêté du Conseil de préfecture rendu en matière contentieuse, est susceptible de recours devant le Conseil d'État, pendant deux mois à partir de la notification d'une décision contradictoire.

602. — Un arrêté rendu par défaut peut être attaqué par opposition dans le mois de la notification, et par recours au Conseil d'Etat pendant deux mois à partir de l'expiration du délai d'opposition (3).

603. — Le Conseil de préfecture statue comme tribunal contentieux et répressif :

(1) L. 22 juillet 1889, art. 10 ; comp. Cons. d'Ét., 6 août 1898, S. 01, 3, 24.

(2) Même loi, art. 51.

(3) Même loi, art. 52, 57.

1° Sur les difficultés qui peuvent s'élever, dans l'intérêt public, en matière de grande voirie : routes, fleuves et rivières navigables, canaux de navigation, domaine maritime, chemins de fer (1).

2° Sur les contraventions en matière de servitudes militaires (2).

3° Sur les dommages causés aux appareils télégraphiques (3).

604. — Sont de la compétence du Conseil de préfecture, jugeant au contentieux :

1° L'appréciation des usurpations, anticipations, dégradations et plantations concernant le domaine national, les routes, les chemins vicinaux (4).

2° Le règlement des subventions auxquelles les propriétaires de mines, carrières ou entreprises industrielles peuvent être assujettis pour la réparation des chemins qu'ils dégradent (5).

3° La détermination des indemnités dues pour

(1) L. 28 pluviôse an VIII, art. 4 ; 29 floréal an X ; Décr. 10 avril 1812 ; L. 15 juillet 1845, art. 3.

(2) L. 17 juillet 1819, art. 11 ; Décr. 10 août 1853, art. 40 à 42 ; 22 juin 1854, art. 4.

(3) L. 27 décembre 1851, art. 2.

(4) L. 28 pluviôse an VIII, 9 ventôse an XIII.

(5) L. 21 mai 1836, art. 14 ; 20 août 1881, art. 11 ; comp. L. 10 août 1871, art. 86.

extraction de matériaux, dépôt ou enlèvement de terre et occupation temporaire de terrains (1).

4° Les actions et opérations concernant le dessèchement des marais (2).

5° Les contestations relatives au rôle de répartition des dépenses concernant le curage et l'entretien des cours d'eau non navigables et non flottables (3).

6° Les taxes établies par les associations syndicales autorisées (4).

7° Les indemnités dues relativement à l'établissement des lignes télégraphiques et téléphoniques (5).

8° Les oppositions formées contre les arrêtés préfectoraux autorisant un établissement insalubre de première ou de deuxième classe (6).

(1) L. 28 pluviôse an VIII, art. 4; 21 mai 1836, art. 17; 21 août 1841, art. 14; 29 décembre 1892.

(2) L. 16 septembre 1807 ; Cons. d'État, 23 octobre 1816.

(3) L. 8 avril 1898, art. 24.

(4) L. 21 juin 1865 ; 22 décembre 1888.

(5) L. 28 juillet 1885, art. 10.

(6) Décr. 15 octobre 1810, art 7 ; 25 mars 1852, tableau B, 8°; Cons. d'Ét., 6 avril 1836.

APPENDICE

CONTENANT LES ANCIENS TEXTES

---

§ 1er. **Normandie**

I. *Coutume générale*

607. Droiture de servitude de vues, égouts de maisons et autres choses semblables, par la coutume générale de Normandie, ne peut être acquise par possession ou par jouissance, fût-elle de cent ans, sans titre ; mais la liberté se peut acquérir par la possession de quarante ans continuels, contre le titre de servitude.

608. Quiconque a le fonds, peut faire bâtir et édifier dessus et pardessous son dit héritage, et y faire puits, cave ou autres choses licites, s'il n'y a titre au contraire.

609. En faisant partage et division entre cohéritiers ou personniers de chose commune, dont l'une partie sert à l'autre, les vues et égouts demeurent comme ils sont lors du partage, si

par les lots et partages, il n'est expressément dit du contraire.

610. Tout mur et paroi auquel sont construits armaires, fenêtres ou corbeaux, attribuent le mur à celui du côté duquel sont les dites armaires ou fenêtres, sinon en cas qu'il s'en trouvât des deux côtés, auquel cas le dit mur est censé mitoyen.

611. De tout mur mitoyen, chacun des voisins auquel il appartient, peut s'aider, et percer le dit mur tout outre, pour asseoir ses poutres et sommiers, en bouchant les pertuis ; même pour asseoir les courges et consoles des cheminées, à fleur du dit mur. Et est tenu en édifiant le tuyau ou canal de la dite cheminée, laisser la moitié du dit mur entier, et quatre pouces en outre pour servir de contre-feu. Et ne pourra le voisin mettre aucuns sommiers contre, ni à l'endroit de la dite cheminée qui aura été premièrement bâtie.

612. En tout mur mitoyen le voisin ne peut, sans le consentement de son voisin, faire vues, ni contre icelui faire égouts ou citernes ; ne peut aussi le hausser en son intégrité ; mais bien se pourra aider de la dite moitié, et la

hausser, si ainsi est que le mur soit assez fort épais pour commodément porter la structure et servir aux choses pour lesquelles il est haussé.

613. Contre mur mitoyen, aucun ne peut faire chambres aisées ou citernes, sinon en faisant bâtir contremur de trois pieds d'épais en bas, et au dessous du rez de terre, à pierre, chaux et sable, tout à l'entour de la fosse destinée aux dites chambres, ou citernes.

614. Qui veut faire forge, four ou fourneau contre le mur mitoyen, doit laisser demi-pied de vide d'intervalle entre deux du mur, du four ou forge ; et doit être ledit mur d'un pied d'épaisseur, et sera le dit mur de pierre, brique ou moellon.

615. En mur mitoyen, ne peut l'un des voisins, sans l'accord et consentement de l'autre, faire faire fenêtres ou trous pour vues, en quelque manière que ce soit, à verre dormant ni autrement.

616. Toutefois si aucun a mur à lui seul appartenant, joignant sans moyen à l'héritage d'autrui, il peut en icelui mur avoir fenêtres, lumières ou vues, pourvu qu'elles soient sept

pieds en haut, tant au premier que second étage, le tout ferré et vitré, sans qu'il puisse ouvrir, et que cela puisse préjudicier son voisin, voulant bâtir contre, s'il n'y a titre particulier au contraire.

617. Il est loisible à un voisin, contraindre par justice son voisin à faire refaire le mur mitoyen et édifice corrompu menaçant ruine, et d'en payer chacun sa part, selon la portion qu'ils ont au dit mur ou édifice mitoyen ; et s'il n'est mitoyen, le propriétaire peut être contraint à le redresser ou abattre.

618. Relais ou armaires ne sont marque de propriété, du côté dont elles sont faites, si elles ne sont accompagnées de pierre de taille traversant tout le mur.

619. Quand aucun met hors de ses mains partie de sa maison, ou une maison qui a veues et égouts, ou autre servitude sur une autre qu'il retient à soi, il doit spécialement et nommément déclarer quelles servitudes il retient sur l'héritage qu'il met hors de ses mains, ou quelles il constitue sur le sien, tant pour l'endroit, grandeur, hauteur, mesure, qu'espèce de servitude ; autrement l'héritage vendu demeurera libre au préjudice du vendeur.

620. Et pour le regard de la maison retenue par le vendeur, les choses demeureront en l'état qu'elles étaient.

621. En division d'héritage entre cohéritiers, si une cour et un puits leur sont communs pour passer et repasser par la cour et puiser de l'eau au puits, le propriétaire pourra faire clore de murailles la cour, et fermer les portes, parce que les cohéritiers pour leur usage auront chacun une clef des serrures. Et ne pourra la dite servitude être possédée par autre personne que par celui ou ceux lesquels possèdent les héritages et à cause desquels est due la dite servitude.

II. *Coutume locale de Verneuil*

4. La plante, douve ou jetée du fossé, appartient à celui vers lequel elle est jetée et plantée, s'il n'y a titre, borne ou possession au contraire.

III. *Arrêt du 17 août 1751, rendu par le parlement de Normandie, sur les plantations rurales.*

5. Nul ne pourra planter aucuns pommiers ou poiriers qu'à 7 pieds de distance du fonds voisin;

et en cas que les branches s'étendent sur le terrain voisin, le propriétaire des dits arbres sera contraint en outre d'en couper l'extrémité des branches autant qu'elles s'étendront sur le terrain voisin.

6. Les arbres de haute futaie ne pourront être plantés à pied dans les terres non closes qu'à 7 pieds de distance du fonds du voisin, lequel pourra pareillement contraindre le propriétaire desdits arbres, de les élaguer ou ébrancher jusqu'à la hauteur de 15 pieds, et en outre de faire couper la partie des branches qui s'étendrait sur son terrain.

7. A l'égard des arbres aquatiques, lesquels seront plantés au bord des ruisseaux ou rivières, il en sera usé comme par le passé.

8. Si le terrain voisin était occupé par un vignoble, les poiriers et les pommiers ne pourront être plantés plus près de 12 pieds du vignoble, et les arbres de haute futaie plus près de 24 pieds.

9. Le jonc marin sera planté à 3 pieds du fonds voisin, et le bois taillis à 7 pieds lorsqu'il n'y aura pas de fossé de séparation, et à 5 pieds lorsqu'il y aura un fossé ; sera néanmoins permis

de planter un bois taillis jusqu'à l'extrémité de son terrain, proche le bois taillis voisin.

10. Les haies de pied pourront être plantées à 1 pied et demi du voisin, et seront tondues au moins tous les six ans du côté du voisin, et seront réduites alors à la hauteur de 5 à 6 pieds au plus, sans qu'il soit permis dans lesdites haies plantées à pied, de laisser échapper aucuns baliveaux ou grands arbres, parce que, néanmoins, à l'égard des arbres dans les haies, lesquelles font la séparation des herbages et masures sans être le long des terres labourables du voisin, il en sera usé comme par le passé.

11. Les propriétaires d'héritages qui sont actuellement clos de haies vives ou de fossés, seront tenus d'entretenir lesdites clôtures, si mieux ils n'aiment détruire entièrement la clôture le long de l'héritage voisin, ce qu'ils auront la liberté de faire, s'il n'y a titre au contraire ; et, néanmoins, ceux qui voudront détruire leur clôture, ne pourront le faire que depuis la Toussaint jusqu'à Noël, après avoir averti le voisin trois mois auparavant ; et, jusqu'au temps de la destruction de la clôture, ils seront obligés de l'entretenir.

12. Les distances ci-dessus marquées ne seront observées que pour les plantations qui se feront à l'avenir, parce qu'il sera permis à tout voisin de contraindre le propriétaire des arbres ou haies plantées d'ancienneté, à moins de distance, de les faire élaguer, si besoin est, de la manière prescrite aux articles ci-dessus ; et les arbres ci-devant plantés, ne pourront être remplacés que conformément au présent règlement, avec exceptions néanmoins marquées dans les articles précédents.

13. — Celui qui fera construire un fossé sur son fonds, sera tenu de laisser de côté du terrain voisin et au-delà du creux dudit fossé, 1 pied et demi de réparation ; et si la terre voisine est en labour, il sera tenu de laisser au moins 2 pieds de réparation au-delà du creux. Ordonné en outre, que tout fossé sera fait en talus du côté du voisin.

14. Ne pourront être plantés sur les fossés d'arbres de haute futaie qu'à 7 pieds de distance du fonds voisin, à l'exception des fossés étant entre les herbages et masures ou terres vagues, pour lesquelles il en sera usé comme par le passé ; et à l'égard des anciens fossés actuelle-

ment plantés de grands arbres, ils pourront être réparés et replantés dans les distances ou étaient les arbres abattus, sauf au voisin à contraindre de les élaguer, en tant que les branches pourraient s'étendre sur son terrain.

§ 2e. Bretagne

I. *Coutume générale*

282. Droiture et seigneurie est acquise à celui qui a paisiblement et notoirement joui sans titre par lui, ses prédécesseurs, ou autres, dont il a cause par l'espace et laps de quarante ans; laquelle prescription aura lieu contre mineurs, absents, communautés, même entre frères et sœurs pour leurs partages.

II. *Usances de la ville de Rennes*

2. Celui qui batira ou refera maison de neuf en la dite ville et faubourgs de Rennes, sera tenu de batir à droit plomb, et faire les cloisons cotières de pierre entre sa maison et celle de ses voisins, jusques aux sablières qui porteront les chevrons de la couverture des dites maisons et seront les dites murailles mitoyennes et en

seront laissées fenêtres et marques d'un côté et d'autre.

3. Seront tenus les voisins qui ne batiront, souffrir qu'on prenne la moitié de la terre en leurs fonds et héritages, pour faire les dites cotières et murailles mitoyennes. Et contribueront les voisins pour une moitié de ce que couteront les dites murailles, lorsqu'ils voudront s'en servir.

4. La dite muraille mitoyenne sera aux fondements de trois pieds, et hors les fondements de deux pieds et demi, le tout en chaux et sable.

5. Sera tenu celui qui édifiera de nouveau, soutenir à ses dépens la maison du voisin, et rétablir les vieux merrains en état.

6. Et si en la dite muraille, aucun veut faire jambages, manteaux et corbeaux de cheminée, ou autres attentes de clotures, faire le pourra à ses dépens.

7. Aux dites murailles, le voisin ne pourra mettre ni asseoir les sommiers et autres pièces de bois en l'endroit et contre les autres sommiers auparavant mis et assis, ni aussi en l'endroit des cheminées.

8. Qui veut faire conduit pour cloaque ou eaux, pour arriver au conduit public, les voisins par sur lesquels le chemin sera plus commode, seront tenus souffrir le passage, sauf à eux à se servir du dit conduit, s'ils voient que bon leur soit, et en ce cas faire les frais du dit conduit en leur endroit.

9. Lorsqu'il sera besoin faire conduit pour arriver aux conduits publics, chacun sera tenu contribuer en l'endroit de sa maison, aux frais de l'œuvre du dit conduit.

10. Qui veut batir privés est tenu de bâtir deux pieds de muraille en chaux et sable auparavant que d'arriver à la muraille du voisin propre ou commune.

11. Vues mortes qui sont entendues faites au-dessus de sept pieds et demi sur plancher à verre mort, n'emporteront droit ni possession sur l'héritage du voisin, en sorte qu'il ne soit loisible au voisin de batir au sien, et empêcher les dites vues, s'il n'y a titre de servitude expresse.

12. Et quant aux vues et fenêtres ouvertes, à quatre pieds de plancher, et au dessous à grille,

ou verre ouvert, emportent possession, et se pourront prescrire par quarante ans de possession paisible, sans titre.

§ 3e. **Coutume du Maine**

203. Ban de vendanger n'est réputé prérogative de chatellenie, ni haute justice ; et pour ce, ceux qui sont en possession ancienne d'en user en jouiront, et y échet néanmoins amende de loi contre ceux qui rompent tel ban.

462. En débats des servitudes de maisons voisines en bonnes villes et villages, comme de vues, goutières, privés, touls, caneaux et autres débats qui surviennent touchant servitudes, tenement ni prescription de temps ne court point, soient telles servitudes latentes ou apparentes, et en doit on juger, tant en pétitoire que possessoire, ainsi qu'on voit être raisonnable pour le temps des dits débats, appelés à ce prudes gens non suspects avec les jurés, savans et connaissant en telles choses, sans recevoir aucun à alléguer possession au contraire. Mais on est reçu à alléguer pactions, stipulations, appointements ou autres consentemens des par-

ties, apparaissans par lettres ou autres preuves suffisantes.

463. On peut faire vue sur soi et n'y eût-il que demi pied à y voir ; et sur son voisin se peut faire fenetre à sept pieds de haut, qui serait grillée et vitrée à verre dormant.

§ 4. Coutume de Dunois (1)

60. En mur mitoyen, le premier qui asseoit ses cheminées, l'autre ne les lui peut faire oter ni reculer, en laissant par moitié du mur et un échantille pour contre-feu ; mais au regard des lanciers et jambes des cheminées et cimaises, il peut percer le dit mur tout outre, et y asseoir ses lanciers et cimaises à fleur du dit mur.

61. On ne peut faire ni tenir retraits, latrines, égouts, citernes, près du puits à eau de son voisin, sinon qu'il y ait entre-deux neuf pieds de distance, pourvu que le dit puits à eau soit premier édifié.

62. Quand aucun fait édifier ou réparer en son héritage, son voisin est tenu lui donner et

(1) Le Dunois comprenait Châteaudun, Freteval et Marchenoir.

prêter patience à ce faire, en réparant et amendant diligemment par celui qui a édifié, ce qu'il avait démoli, rompu et gâté à son dit voisin. Et ne peut pour cela l'édifiant acquérir droit ni possession contre ni au préjudice de celui qui a donné ladite patience de réparer et amender.

§ 5e. Coutume de Châteauneuf-en-Thimerais (1)

94. En villes, faubourgs, bourgades et villages de la dite baronnie, chacun est tenu de soi clore de clôture convenable contre un voisin et soi, ou bailler terre pour porter ses eaux en son danger, ou en rue et hors le danger et dommage de son voisin, s'il n'y a servitude constituée au contraire.

95. Aucun ne peut avoir ni tenir vues ou fenêtres ouvrant contre et sur l'héritage de son voisin, sinon qu'elles soient de sept pieds de haut à rez de terre ou de planches et verre dormant, ni prescrire en tout ce que dit est, pour quelque temps ou jouissance que ce soit, s'il n'y a servitude constituée au contraire.

(1) La baronnie de Châteauneuf englobait Senonches, Brezolles.

§ 6e. **Coutume du Grand-Perche** (1)

216. Le voisin ne prescrit contre son voisin servitudes de vue, gouttières, égout de maisons et autres choses semblables, s'il n'y a titre ou possession immémoriale au contraire.

217. Il est loisible à toute personne de faire vue en sa maison, pourvu que le regard soit sur soi et n'y eût-il qu'un pied de terre ; et ou il n'y aura rien du sien, peut sur son voisin faire fenêtre à vitre donnant et à sept pieds de haut du rez de terre, mais telle fenêtre n'empêche que le voisin ne puisse bâtir sur son héritage et offusquer la dite vue toutes fois et quand il lui plaira.

218. Quand entre deux héritages y a haie assise sur fossé, celui du côté duquel est le jet dudit fossé, étant le creux d'icelui devers le voisin, il est réputé seigneur de la haie et du fossé, s'il n'y a titre, borne ou possession au contraire.

220. Le voisin ne peut faire aucun puits, retrait, fosse de cuisine ou autres pour retenir les

(1) Le Grand-Perche comprenait les villes et bourgs de Mortagne, Bellême, Nogent-le-Rotrou, Longny, Rémalard, Nocé, Pervenchères, Céton, Le Theil, Tourouvre, Bretoncelles.

eaux de maisons, four ni forge près un mur mitoyen et commun, qu'il ne laisse ledit mur franc et un contre-mur de l'épaisseur d'un pied qui doit être fait aux dépens de celui qui s'en voudra aider et à son danger. Et s'il y a puits à l'un ou l'autre des deux voisins, les dits retraits et fosses seront faits à dix pieds du dit puits en y faisant entre deux un contre-mur de chaux et sable aussi bas que les fondements des dits retraits et fosses.

§ 7e. Coutume de Chartres (1)

79. En la ville et faubourgs de Chartres, villes et bourgades des cinq baronnies et Perche-Gouet, chatellenies et prevôtés, étant audit baillage de Chartres, chacun est tenu de soi clore de cloture convenable contre son voisin, ou bailler terre pour porter ses eaux en son danger, hors des dommages de son voisin, s'il n'y a servitude constituée expressément au contraire.

80. Aucun ne peut avoir ni tenir vues ou fenetres ouvrans contre et sur l'héritage de son

(1) Le pays chartrain ou Perche-Gouet comprenait, outre Chartres, Alluye, Brou, Authon, Montmiral, Bazoche-Gouet, Bonneval.

voisin, sinon qu'elles soient à 7 pieds de haut à rez de terre ou de plancher et verre dormant, ne prescrire, en tout ce que dit est, par quelque temps ou jouissance que ce soit, s'il n'y a servitude constituée au contraire.

§ 8e. Coutume de Dreux

67. En la ville de Dreux chacun est tenu de soi clore de cloture convenable contre son voisin, ou bailler terre pour porter ses eaux sur son danger ou en rue, et hors le danger de son voisin, s'il n'y a servitude expressément constituée au contraire.

68. Nul ne peut avoir ni tenir vues ni fenêtres ouvrant sur l'héritage de son voisin, sinon qu'elles soient à sept pieds de haut à rez de terre ou de plancher et à verre dormant, et n'est tenu personne de porter l'égout de son voisin, et en tout ce que dit est n'y a point de prescription pour quelque temps et jouissance qu'on en ait joui, s'il n'y a servitude constituée au contraire.

§ 9e. Coutume de Blois

235. Si aucun veut faire retraits et chambres aisées au long d'un mur commun et mitoyen, il sera tenu faire un autre mur au long du dit mur,

qui aura un pied et demi par bas d'épaisseur, amortissant d'un pied jusques à la couronne de la voûte des dits retraits.

236. Entre un four et mur mitoyen doit avoir pied et un empan de contremur, pour éviter le danger de la chaleur et inconvénient du feu.

§ 10e. **Coutume de Paris**

186. Droit de servitude ne s'acquiert par longue jouissance quelle qu'elle soit sans titre, encore que l'on en ait joui par cent ans ; mais la liberté se peut acquérir contre le titre de servitude par trente ans entre âgés et non privilégiés.

188. Qui fait étable contre un mur mitoyen, il doit faire contremur de huit pouces d'épaisseur, de hauteur jusques au rez de la mangeoire.

189. Qui veut faire cheminées et âtres contre le mur mitoyen, doit faire contremur de tuilots ou autre chose suffisante, de demi pied d'épaisseur.

190. Qui veut faire forge, four et fourneau contre le mur mitoyen, doit laisser demi pied de vide et intervalle entre deux du mur du four

ou forge, et doit être le dit mur d'un pied d'épaisseur.

191. Qui veut faire aisances de privés ou puits contre un mur mitoyen, il doit faire contre-mur d'un pied d'épaisseur. Et où il y a de chacun côté puits, ou bien puits d'un côté et aisances de l'autre, suffit qu'il y ait quatre pieds de maçonnerie d'épaisseur entre deux, comprenant les épaisseurs des murs d'une part et d'autre. Mais entre deux puits suffisent trois pieds pour le moins.

192. Celui qui a place, jardin ou autre lieu vide, qui joint immédiatement au mur d'autrui, ou à mur mitoyen, et il veut faire labourer et fumer, il est tenu faire contre-mur de demi pied d'épaisseur ; et s'il a terres jectisses, il est tenu faire contremur d'un pied d'épaisseur.

199. En mur mitoyen ne peut l'un des voisins, sans l'accord et consentement de l'autre, faire faire fenêtres ou trous pour vue, en quelque manière que ce soit, à verre dormant, ni autrement.

200. Toutefois, si aucun a un mur à lui seul appartenant joignant sans moyen à l'héritage d'autrui, il peut en icelui mur avoir fenêtres,

lumières ou vues aux us et coutumes de Paris; c'est à savoir de neuf pieds de haut au-dessus du rez-de-chaussée et terre, quant au premier étage, et quant aux autres étages, de sept pieds au-dessus du rez-de-chaussée; le tout à fer maille et verre dormant.

201. Fer maillé est treillis dont les trous ne peuvent être que de quatre pouces en tout sens, et verre dormant, est verre attaché et scellé en plâtre qu'on ne peut ouvrir.

202. Aucun ne peut faire vues droites sur son voisin, ni sur places à lui appartenantes, s'il n'y a six pieds de distance entre la dite vue et l'héritage du voisin, et ne peut avoir baies de côté, s'il n'y a deux pieds de distance.

209. Chacun peut contraindre son voisin ès villes et faubourgs de la prevôté et vicomté de Paris, à contribuer pour faire faire clôture faisant séparations de leurs maisons, cours et jardins assises dites villes et faubourgs, jusques à la hauteur de dix pieds du haut du rez-de-chaussée, compris le chaperon.

§ 11e. Coutume de Mantes et Meulan

95. Il est permis à un voisin percer le mur

mitoyen d'entre lui et son dit voisin, au-dessus de neuf pieds, du rez-de-chaussée du premier étage, et sept pieds au-dessus du second étage, et y faire vues, pourvu qu'elles soient fermées, le tout à fer et verre dormant ; mais où son dit voisin voudra de nouveau bâtir, lui est lors permis de clore et étouper les dites vues, jusques à la hauteur de son dit nouveau bâtiment.

105. Contre le four d'un boulenger ou forge, ou d'un voisin ayant four ou forge, le mur mitoyen doit avoir un contremur d'un pied d'épais pour le moins.

106. Le fossé qui est entre deux pièces de terre appartient à celui sur lequel est le rejet.

§ 12e. Coutume d'Orléans

234. En la ville et faubourgs d'Orléans, et autres villes closes du baillage, tous murs sont communs entre voisins jusques à neuf pieds, c'est à savoir, deux pieds en terre et sept pieds au dessus de terre, qui n'a titre ou marque au contraire. Et s'il faut réparer ou réédifier les dits murs, ce sera aux dépens communs des parties jusques à la dite hauteur.

236. Entre deux héritages joignant et contigus l'un l'autre, assis en la ville d'Orléans, et autres villes du baillage, et entre les maisons et cours joignant et contigus l'un l'autre, assis ès faubourgs de la dite ville d'Orléans, le seigneur de l'un des dits héritages peut contraindre l'autre seigneur faire à communs dépens mur de cloture. Toutefois n'est tenu de le faire sinon de pierre et terre, et d'un pied et demy d'épaisseur, de deux pieds de fondement et sept pieds de hauteur au dessus des terres.

240. Quand aucun fait édifier et réparer en son héritage, son voisin est tenu lui donner et prêter patience à ce faire, en réparant et amendant en diligence, par celui qui édifie ce qu'il aurait rompu, démoli et gâté à son dit voisin.

243. Aucun ne peut faire chambres aisées, nommées fosses coyes, latrines ou fosses de cuisine, pour tenir eaux de maison auprès du mur mitoyen, qu'on ne laisse franc le dit mur. Et avec ce doit être fait le mur du dit puits à retraicts ou fosses coyes, au danger et dépens de celui qui fait le dit puits, de pied et demi d'épaisseur du moins, s'il n'y a partage, division ou paction au contraire.

246. On ne peut faire et tenir puits à retraits, latrines ni égouts près du puits à eau de son voisin sinon qu'il y ait entre deux neuf pieds de distance, pourvu que le dit puits à eau soit premier édifié.

247. Entre un four et mur mitoyen dait avoir demi pied d'espace vide pour éviter le danger et inconvénient du feu.

249. Quand il y a puits, retraits, latrines ou égouts communs entre deux parties, les vidanges et curages se doivent faire aux dépens des parties y ayant droit. Et si la vidange est faite par l'héritage de l'une des dites parties, de là en avant les autres parties seront tenues consécutivement endurer la dite vidange par leur héritage l'une après l'autre. Toutefois celui qui endure, et a la vidange de son côté, ne doit payer que le tiers des frais, et l'autre partie du coté de laquelle ne serait faite ladite vidange, doit payer les deux autres tiers. Et s'il y a plus de deux parties contribuables à la dite vidange et curage, celui qui endure la dite vidange de son côté ne payera que le tiers de ce que chacune des autres parties y contribuera.

253. Quand entre deux héritages il y a des

fossés, celui qui a le jet de son coté de la terre issue des dits fossés est réputé seigneur d'iceux fossés, sinon qu'il apparaisse du contraire.

259. Il n'est loisible planter ormes, noyers ou chênes au vignoble du baillage d'Orléans, plus près des vignes de son voisin que de quatre toises, ni de planter haies vives plus près de l'héritage de son voisin que de pied et demi, et sera la dite haie d'épine blanche, et non d'épine noire.

§ 13e. **Picardie**

I. *Coutume du baillage d'Amiens*

166. Nul ne peut faire fosse à latrines ou retraits, qu'il n'y ait entre la dite fosse et la terre de son voisin, deux pieds et demi de franche terre ; et pour quelque temps qu'il l'ait autrement possédé, il ne peut acquérir aucune prescription.

II. *Coutume locale d'Amiens*

25. Un chacun doit clôture suffisante de pierre, brique, brocail, moëllon ou palis de sept pieds de hauteur pour le moins, d'une part, et d'autre à l'encontre de son voisin, et non plus si bon ne lui semble.

III. *Coutume locale d'Abbeville*

53. Que nul ne peut faire en son tenement, fosse et basse chambre, qu'il ne convienne qu'il laisse de sa terre entre la fosse et la terre de son voisin, deux pieds et demi à vide et ferme terre ; et qui autrement le ferait, on abattrait la fosse et conviendrait qu'elle fût remplie.

§ 14e. Code civil.

I. *Articles remplacés le 8 avril 1898.*

641. Celui qui a une source dans son fonds peut en user à sa volonté, sauf le droit que le propriétaire du fonds inférieur pourrait avoir acquis par titre ou par prescription.

642. La prescription, dans ce cas, ne peut s'acquérir que par une jouissance non interrompue pendant l'espace de trente années, à compter du moment où le propriétaire du fond inférieur a fait et terminé des ouvrages apparents destinés à faciliter la chute et le cours de l'eau dans sa propriété.

643. Le propriétaire de la source ne peut en changer le cours, lorsqu'il fournit aux habitants d'une commune, village ou hameau, l'eau qui

leur est nécessaire ; mais si les habitants n'en ont pas acquis ou prescrit l'usage, le propriétaire peut réclamer une indemnité, laquelle est réglée par experts.

II. *Articles remplacés le 20 août 1881*

666. Tous fossés entre deux héritages sont présumés mitoyens s'il n'y a titre ou marque du contraire..

667. Il y a marque de non mitoyenneté lorsque la levée ou le rejet de la terre se trouve d'un côté seulement du fossé.

668. Le fossé est censé appartenir exclusivement à celui du côté duquel le rejet se trouve.

669. Le fossé mitoyen doit être entretenu à frais communs.

670. Toute haie qui sépare des héritages est réputée mitoyenne, à moins qu'il n'y ait qu'un seul des héritages en état de clôture, ou s'il n'y a titre ou possession suffisante au contraire.

671. Il n'est permis de planter des arbres de haute tige qu'à la distance prescrite par les règlements particuliers actuellement existants, ou par des usages constants et reconnus ; et, à dé-

faut de règlements et usages, qu'à la distance de deux mètres de la ligne séparative des deux héritages pour les arbres à haute tige, et à la distance d'un demi-mètre pour les autres arbres et haies vives.

672. Le voisin peut exiger que les arbres et haies plantés à une moindre distance soient arrachés. Celui sur la propriété duquel avancent les branches des arbres du voisin, peut contraindre celui-ci à couper ces branches ; si ce sont les racines qui avancent sur son héritage, il a le droit de les y couper lui-même.

673. Les arbres qui se trouvent dans la haie mitoyenne, sont mitoyens comme la haie, et chacun des deux propriétaires a le droit de requérir qu'ils soient abattus.

682. Le propriétaire dont les fonds sont enclavés, et qui n'a aucune issue sur la voie publique, peut réclamer un passage sur les fonds de ses voisins pour l'exploitation de son héritage, à la charge d'une indemnité proportionnée au dommage qu'il peut occasionner.

683. Le passage doit régulièrement être pris du côté où le trajet est le plus court du fonds enclavé à la voie publique.

684. Néanmoins, il doit être fixé dans l'endroit le moins dommageable à celui sur le fonds duquel il est accordé.

685. L'action en indemnité, dans le cas prévu par l'article 682, est prescriptible ; et le passage doit être continué, quoique l'action en indemnité ne soit plus recevable.

TABLE DES MATIÈRES

CHAPITRE PREMIER

RESTRICTIONS DE LA PROPRIÉTÉ

CHAPITRE DEUXIÈME

COPROPRIÉTÉ

CHAPITRE TROISIÈME

SERVITUDES LÉGALES

CHAPITRE QUATRIÈME

SERVITUDES ÉTABLIES PAR L'HOMME

CHAPITRE CINQUIÈME

NOTIONS DE COMPÉTENCE

APPENDICE

TABLE ALPHABÉTIQUE

(Les chiffres renvoient aux numéros)

Caen, Imprimerie-Reliure Vᵉ A. Domin

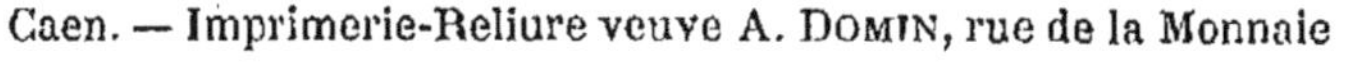

Caen. — Imprimerie-Reliure veuve A. DOMIN, rue de la Monnaie

www.ingramcontent.com/pod-product-compliance
Ingram Content Group UK Ltd.
Pitfield, Milton Keynes, MK11 3LW, UK
UKHW012157240726
13966UKWH00002B/402

9 782012 856226